新橋譯叢

遠流出版公司

史家的技藝
The Historian's Craft

布洛克 Marc Bloch　著

周婉窈　譯

康樂　校訂

目錄

✳

【導言】

布洛克與《史家的技藝》[1]

康樂

「簡言之，在歷史研究裡，一如在其他地方，原因是不能事先設定的。我們得去尋找⋯⋯」《史家的技藝》一書擱筆於此，時為 1942 年中，納粹德國已取得歐陸霸權，展開北非戰線，並傾全力轟炸大不列顛；布洛克再也沒有機會繼續此書的寫作，因為這以後地下反抗運動已成為他活著的主要目的，接

1　本文曾參考夏伯嘉，〈馬克・布洛克與法國年鑑學派〉，《史學評論》，1（1979）。特別是第一節生平部分。

下來的命運是被捕、受刑、就義。《史家的技藝》因此成為他最後的遺作。

一

作為歐洲中古史權威,「年鑑學派」創始人,以及最後英雄式的死亡,布洛克(Marc Bloch, 1886-1944)無疑是近代法國最為人所熟知的史家之一。他生平著書十二種,論文數十篇;再加上十二年的《年鑑》編輯工作與一生的教學,當今一代的法國史學家泰半皆可算是他的門下。

布洛克誕生於 1886 年,父親古斯塔夫‧布洛克(Gustave Bloch, 1848-1923)為巴黎大學羅馬史教授,算得上是家學淵源。中學畢業後入高等師範學院(Ecole Normale Superieure)[2] 進修地理與歷史。1908 年布洛克赴德深造,在萊比錫大學與柏林大學聽課一年。回國後任蒂爾基金會(Thiers Foundation)史學研究員兩年。1912 年至一次大戰爆發期間,布洛克教學之餘完成他的第一本著作,研究中世紀巴黎地區農村社會狀況。[3] 及法國參戰,布洛克投筆從戎,戰時四年出生入死,績功至少校,並獲法國政府頒發最高榮譽勳章。

戰後復員,布洛克轉任史特拉斯堡(Strasbourg)大學歐洲

中古史教授。在史特拉斯堡的十七年時間,可說是布洛克一生著述最豐碩的時期,也是他的創業成名期。他最重要的兩本經典之作,《法國農村史》（ *Les caractéres originaux de l'histoire rurale francaise* ）及《封建社會》（ *La société féodale* ）即完成或構思於此一時期。而他一生最重要的事業——《年鑑》學報——也在此時創刊。由於不滿當時史學家劃地自限的作風,以及流於煩瑣考證的史料學與制度史的研究,布洛克與數位志氣相投的歷史學者——主要是費夫爾（L. Febvre）——在 1929 年創辦《經濟社會史年鑑》。《年鑑》的創刊宗旨及其影響,論者已多,此處就不再詳述。[4]

1937 年,布洛克出任巴黎大學經濟史講座。著述之外,他著手整頓研究院的制度與課程,提倡組織特別研究部門進行各學科之合作。1939 年,二次大戰爆發,布洛克放下學術工作,以五十三歲高齡再次回到前線。敦克爾克之役,盟軍大敗,他隨軍撤退,在英國再次入伍回法。及法國戰敗投降,布洛克重執教鞭,講學於南方維琪（Vichy）政府控制區。身為

2　高等師範學院為法國最傑出的大學之一,雖以培養師資為目的,卻出過不少傑出的學者及思想界名人。近代較出名的如沙特、阿宏（R. Aron）皆畢業自此大學。

3　*L'Ile-de-France* (1913)。英譯本 *The Ile-de-France: the Country around Paris* (London, 1971).

4　參見夏伯嘉,前引文,特別是附錄二〈社會經濟史年鑑創刊言〉。

史學家而正當國難，布洛克以沉痛的心情檢討法國失敗之因，寫下《奇怪的戰敗》（*L'étrange defaite*）一書。1943 年，德軍南下控制全法，布洛克既是一愛國學者再加上是猶太人，遂成為迫害的對象。他本來是可以流亡國外的，當時確也有不少學者流亡美國。然而正如他在自己遺囑中所說的：「生為法國人，我不認為在其他的國家可以如在法國一般的呼吸自如。」[5] 他選擇加入地下反抗組織。1944 年春不幸被捕，在獄中受盡酷刑。六月盟軍登陸諾曼地，納粹在歐陸的統治開始崩潰，布洛克與其他數十名地下軍戰士即在里昂附近被槍決，時為 1944 年 6 月 16 日，享年五十八歲。他的地下軍同志阿特曼（Georges Altman）在《奇怪的戰敗》前言中曾提到他臨刑時的情況。「站在布洛克身旁的一個十六歲少年顫抖著，低聲問：『會痛嗎？』布洛克伸手攬住他：『不會的，一點都不痛。』」

二

《史家的技藝》，如前所述，是一本未完成的作品，負責整理遺稿的費夫爾在前言中曾簡單敘述本書原訂的寫作計劃。[6] 布洛克原先要寫的共有七章，分別是：

I. 歷史知識：過去與現在

II. 歷史觀察

III. 歷史分析

IV. 時間與歷史

V. 歷史經驗

VI. 歷史解釋

VII. 預測的問題

　　結論中，布洛克準備探討「歷史在公民生活及教育中扮演的角色」。另外他也計劃在附錄中專門討論「歷史教育」的問題。實際完成的章節跟上述計劃當然有若干距離，順序與內容都有不少更動。不過，這在寫作過程中應該是常有的現象。根據費夫爾的估算，原計劃的前五章已經寫出，換言之，約為三分之二。即使是第六章，就布洛克留下的子題看來，一部分似乎也已併入前幾章中。[7] 因此，總結起來，我們所得到的還算

5　M. Bloch, *Strange Defeat* (New York, 1968), p. 178.

6　M. Bloch, *The Historian's Graft* (New York, 1953), pp. xiii-xviii.

7　《史家的技藝》原計畫第六章〈歷史解釋〉子題如下：
　　前言：懷疑精神的世代（及科學家）
　　1. 原因的觀念。原因及動機（無意識）的毀壞。浪漫主義與自發性。
　　2. 機率的觀念。
　　3. 個人及其獨特價值的問題。補充說明，時代，沒有個人在內的文件。歷史是否只是研究社會中的人的科學？群眾歷史與精英份子。
　　4.「決定性」的行動或事實的問題。

不少。費夫爾覺得〈預測〉一章沒能寫出是最為可惜的。因為，他相信，這可能會是布洛克「最有原創性」的一章。雖然如此，筆者個人倒是對他未完成的結論及附錄中有關「歷史教育」的問題較感興趣，因為這也是我們一直面臨的問題。不過，這也許並不是什麼太嚴重的遺憾，因為布洛克對歷史教育的意見形諸文字的並不少，本書中也有一些。其次，不管我們揭櫫的理想有多高，沒有相對應的歷史研究成果來配合，理想也是徒懸。

布洛克為何要寫此書？二次大戰的爆發對此書自然有催生作用——像布洛克那樣一個具有敏銳心靈的史家，是不可能無視於正發生在他周遭、史無前例的大浩劫。例如在〈緒論〉中他提到，1940 年 6 月在諾曼地的一個花園裡，他跟幾個脫隊的參謀無所事事，鎮日就在檢討這個災難何以發生。最後，一個軍官自言自語道：「難道我們真的得相信，歷史已經出賣了我們？」這句話道盡了他們那輩人內心的辛酸。他所問的，在布洛克看來，其實就是「歷史有什麼用？」這麼一個問題。同樣的一個問題，布洛克依稀彷彿記得，多年前也曾由他兒子口中問出。的確也是的，當法國遭受到空前的大潰敗，當目睹到整個文明一切美好的事物在希特勒的鐵蹄下化為幻影時，自然而然浮現在布洛克及其同輩人心中的一個問題就是：「歷史有

什麼用？」當我們不斷在重複過去的錯誤時，歷史究竟有什麼用？難道真如古希臘史家所言：歷史只是用來不斷驗證人類的愚昧！就算我們不那麼悲觀，還能相信歷史是有用的，這樣的歷史要如何來寫？

這是布洛克的問題，這樣的問題也許是戰爭逼出來的，卻絕非僅憑戰爭中的一些體驗就能回答。《史家的技藝》與《奇怪的戰敗》雖同樣完成於戰時，卻絕非僅只是戰爭的產物。其實布洛克在〈緒論〉中也已解釋了這本書的性質：「一個喜歡反省日常工作的藝匠的備忘錄。」[8] 其目的則在說明「一個史學工作者**如何**與**為何**從事此一行業。」至於這門行業是否值得從事，則留待讀者自行判斷。

三

《新橋譯叢》之所以決定譯介這本小書，並不是想增加一本「史學方法」或「方法論」的書——坊間這類書籍委實也已夠多；再說，這也不是布洛克寫作本書的主要目的。基本上，布洛克並不排斥理論及方法，對他而言，這兩樣東西就像「旅

8　本書頁 39。

途指南」一樣，就算旅行者知道自己不會一板一眼的遵循導遊圖來走，「然而，沒有了這份指南，他就得冒著永遠胡亂閒蕩的危險。」[9] 只是，不管是「理論」也罷，「方法」也罷，在布洛克看來，脫離了實際的研究過程，這類問題的討論就算不流於空泛，也不會有太大意義。「鴛鴦繡取從君看」，固然是「要把金針度與人」，缺乏了實際操作的經驗，「金針」恐怕還是難度無緣之人。這是為何布洛克基本上只有在實際的歷史研究中才會不厭其煩的檢討有關的理論與方法。[10] 就這點而言，他倒不折不扣是個清儒的信徒——即事窮理。[11]

話說回來，《史家的技藝》一書也並非就完全不涉及技術性的問題。例如在有關考證方法的一章裡，他就利用反證法簡潔有力地證明了十九世紀初法國人馬伯特（Marcellin Marbot）在其回憶錄中的某個英雄事蹟純屬虛構。[12] 不過，我們能從本書獲益最大的倒還不是這些技術層面的探討——時隔多年，今日我們所能掌握的史學研究技巧確有許多是布洛克當年無法想像得到的。然而，布洛克在此書——以及所有其他著作——裡所強調**以人為中心**的歷史研究，對於我們今天或許尚不無振聾發聵的作用。

「在地理景觀的背後，在工具器械的背後，在看來最形式化的文件背後，以及在看來幾乎已完全背離其創建者的制度背

後，就是人本身。而歷史研究想掌握的，也就是這些人。」[13] 在本書第一章〈歷史、人與時間〉，布洛克開宗明義提出此一觀點，而且貫串全書各處。就算在最具技術性的史料考證工作裡，布洛克都堅持：證明史料是偽造的頂多只能算完成一半的任務，更重要的是，追查造偽的動機。因此，「歷史考證」是一門「追查詐欺背後之詐欺者的學問」，換言之，是以人為追索對象的。[14] 甚至，受騙的人都是我們必須了解的對象。因為，布洛克說：「除非誤解是與大眾的偏見相配合，否則即無法傳布。」[15] 換言之，荒謬的謊言之所以有人會相信，是因為他們心甘情願被騙。因此，類似這樣的造偽案件，在布洛克看來，實在是了解一個時代集體意識的最佳入手處。

強調歷史研究應結合現象與人，此一觀念就算在西方近代也並不始於布洛克。早在 1774 年伏爾泰就曾引用：*Homo sum,*

9　本書頁 89。

10　讀者若有興趣，可參見 M. Bloch 著，康樂譯，〈中古的「發明」〉、〈水碾的勝利〉，收入《年鑑史學論文集》（新橋譯叢）。

11　王夫之，《續春秋左氏傳博議》（下）〈士文伯論日食〉：「有即事以窮理，無立理以限事。」

12　本書頁 137-138。

13　本書頁 47。布洛克在此處特別註道：「費夫爾說：『不是單個的人（man），再重複一次，不是單個的人。』」

14　本書頁 119。

15　本書頁 133。

humani nil a me alienum pato（我是人，我不自外於任何關乎人的事物）這句話來指責當時一味專注於帝王將相大人物傳記的史家，而呼籲我們需要一部「人的歷史」。在他之後，夏鐸布里昂（François-René de Chateaubriand）、吉佐（François Guizot）及米殊利（Jules Michelet）等人也都有類似的呼籲，因此，布洛克的人本史觀可說是其來有自了。[16] 問題是，此一傳統——或者說，他們的呼籲——就算在法國，也沒有得到足夠的回應。一直到布洛克的時代為止，歷史研究主要還是圍繞著大人物的傳記、以及卷帙浩瀚而又考證煩瑣的外交史與制度史打轉。如何扭轉此一風氣，建立以人為主的史學——用萊哥夫（Jacques Le Goff）的話來說：「結構的歷史，而非單只事件的記載；動態的歷史，而非凝固的畫面；解釋的歷史，而非純敘述性或教條的歷史」[17]——事實上成為布洛克的畢生志業。

　　歷史，對布洛克而言，乃是一門研究「在時間之流裡的人」的學問。因此，它是一門科學，以分析人在時間空間演變之因果與規律；同時，它又是一種藝術，以了解人的歷史經驗。布洛克對歷史的認識，歸根來說，是將社會理解為一個連結統一的有機體。不論政治制度、宗教生活、經濟生產與思想系統，都展現出這社會各部分與整體的不可分割性。這也就是後來年鑑史學家所強調「整體史」（histoire totalc）的研究。然

而，強調歸強調，由於我們「心靈廣度之不足，與生命短促的缺陷」，歷史學者從事研究時，基本上還是只能就自己興之所近，集中心力於一些專題，因此而有各種專史的出現。這一點布洛克也承認不得不然。那麼，要如何來整合呢？「只有人，有血有肉的人，才能同時統攝這些概念，也才是唯一真實的存在。」換言之，只有掌握到政治制度、社會組織、經濟生產、宗教生活與思想系統這些現象背後的「啟動者」——人，我們才有可能將社會聯繫為一個可以理解的整體。

然而，我們知道社會不僅僅是個同時代性（synchronie）的存在，它同時也是個貫時代性（diachronie）的連續體：以往的歷史與當今的時代是無法截然劃分的，在每一個社會，每一個「現在」，歷史的影響是不能抹煞的；只要一個文化有它集體的記憶，每一個「現在」也代表了歷史的延伸。因此，要了解一個社會，單單從事同時代性的研究是不夠的，貫時代或甚至異文化社會的參照研究，往往也是必要的，這也就是中國史學傳統中「疏通知遠」的理想。

然而，在這裡我們顯然立刻面臨一個問題，那就是不同的

16 J. Le Goff，梁其姿譯，〈新歷史（中）〉，《食貨》，12: 12（1983. 3）。
17 Le Goff，上引文，頁1。

時代、文化與社會所呈現出來的歷史經驗可以有極大的分殊，那麼，要如何下手呢？——「人」，只有掌握到人在不同的歷史情境（milieu）下，針對特定問題作出的各種反應，在布洛克看來，才是解決問題的關鍵。因為，儘管人類的思惟方式（甚至生理組織）隨著時代的演化及社會文化環境的不同而有極大的差異，然而，人類的本性及人類的社會，究竟還有一永恆的基礎在，否則，「人與社會這些名稱就沒有意義可言」。因此，儘管各個社會的歷史經驗分殊，其間仍有統一共通的脈絡可循。明白了這統一性，史學工作者就能以今通古，以古貫今，從而更深入地突顯出作為他研究主要對象的社會特徵。「好的歷史學者，」布洛克最後作了個生動的比喻：「就像童話裡的巨人。他知道無論哪兒，只要他嗅到人肉的氣味，獵物就在那裡。」做不到這點，歷史，「頂多就只能是一項博聞強記的訓練。」

　　「人」既然是歷史研究的核心，人性及人類社會又有其共通的基礎，那麼，了解當前的社會與周遭的群體生活，對於一個史學工作者而言，顯然就成為必備的「技藝」之一。因為，「要靠極努力的想像才能從古文獻中復活的人類生活的脈搏，從現在，卻立即可以認知。」因此，對現代社會的無知固然是不讀史之故，與現實生活脫節也就無法掌握歷史活生生的一

面。布洛克生前最喜歡舉的一個例子就是，有一次他跟前輩史家皮黎（Henri Pirenne）到瑞典斯德哥爾摩開會，剛抵達當地，皮黎就告訴他要先去看看新的市政廳，然後，或許是為了要解答他的疑惑吧，皮黎接著說：「如果我是個古物專家，那我就只要看看古董，可是我是個歷史學家，因此，我更愛生活。」熱愛生活，在布洛克看來，實在是一個史學家不可或缺的氣質。「一個偉大的數學家，不會因為對他生存的世界茫然無知而有損其偉大。但是，一個對其周遭的人、物與事毫無觀察興趣的學者，倒是可戴上『古物專家』這個頭銜。他若放棄稱自己是個歷史學者，算他聰明。」對於他那個時代的史學工作者只知埋首於研究「過去」的心態，布洛克曾經很挖苦地說：「於是，一方面，一小撮古物研究者懷著食屍鬼般的喜悅，忙著解開自己死亡的神祇的裹屍布；另一方面，則只有社會學家、經濟學家以及政論家，才是活人的研究者。」話雖然說得刻薄了點，對照起我們今天的情況，似乎也還有幾分真確。

布洛克自己的學術研究，也永遠不是那麼離人間煙火的。在本書〈歷史考證〉一章的最後，他有點憤慨地說：「可恥的是，儘管比起以往而言，我們的時代書受到欺騙與謠言的毒害，但批判考證方法卻全然不見於學校的課程。」歷史考證是為了求事實的真相，在我們這個飽受宣傳與謊言灌輸的時代，

布洛克直截地認為：歷史考證不應該僅僅只是一件辨正史料真偽的工具，它實際上該是公民教育的一部分——教導社會大眾如何免於宣傳與謊言的毒害。考證方法若能普遍推廣，在他看來，該是歷史這門學問最偉大的貢獻之一：為人類開拓出通往真理——因此也是公道——的一條坦途。

　　布洛克一生獻身學術，開宗立派，也一生投入社會，關懷現實，要了解他的治學與為人，就得先體認他一生對真理與生命的熱愛。為了扭轉當時死氣沉沉的史學風氣，他與費夫爾毅然豎起《年鑑》的大旗，向盤踞在索邦（Sorbonne，巴黎大學文學院所在地）的史學界主流派展開一場激烈的戰鬥；在祖國存亡絕續的關頭，他兩次參戰，終至以身殉之。「從生活經驗認識歷史，由學術研究體會生命」是他一生的理想，他自己的確也已實踐。在他身上，「學術」與「現實」業已圓融為一，我們看不到長久以來不斷困擾著近代中國知識份子、存在於「學術」與「現實」之間兩者不能兼顧的矛盾。何以如此？是環境的因素，還是個人？《史家的技藝》這本小書或許可以提供我們部分的答案。

附記：本書初稿由周婉窈女士譯出，經筆者校改定稿。在校訂過程中，承梁其姿博士幫忙核對法文原本，解決了一些疑難，特此致謝。此外，為了行文流暢，筆者在校訂本書時，部分段落採取較彈性的譯法，若因此而導致錯誤，當然得由筆者負責。

　　　　　　　　　　　　　　　史家的技藝

史家的技藝
The Historian's Craft

布洛克 Marc Bloch

緒論
Introduction

「告訴我，爸爸，歷史有什麼用？」

幾年前，一個與我關係至密的男孩如此詢問他那歷史學家的父親。我希望我能夠說，這本書就是我的回答。對於一位作家，我想最高的讚譽莫過於說他能夠對學者及學校的小孩用同樣的語調講話，然而，這樣崇高簡單的事，畢竟是少數出類拔萃的人才享有的特惠。無論如何，雖然當時我或許不夠能力滿足這個小孩對知識的渴求，他所提出的問題，此刻正好讓我拿來當作起點。可能，有些人會認為這是個天真的問法，但我卻

覺得這是至為確切的問題。[1]這個問句,帶著那個執拗的年紀令人難堪的率直,其所提出的問題,無非是歷史學的正當性的問題。

於是,歷史學者就這樣被要求說明他自己!他如此做,並非毫無一絲內在的顫慄。有哪一個藝匠,在老於本行時,能不悚然而驚地自問是否明智地花費了一生呢?這個問題遠甚於職業良心不足道的不安。的確,我們整個西方文明是與之相干係的。

因為,我們的文明不同於其他文明的地方,在於其一向極端注意過去。不論是基督教的遺產抑或古典的遺產,無不包涵這個特性。我們最先的主人——希臘人與羅馬人——是撰寫歷史的民族。基督教是歷史學家的宗教,而其他的宗教體系則在幾乎外於人類時間的神話裡建立他們的信念與儀式。基督教的聖典是歷史書,並且,他們的禮拜儀式記載著教堂紀年、聖徒生活,併同神在塵世的經歷的情節。就另一更為深遠的意涵而言,基督教更具有獨特的歷史性格。介於伊甸園的墮落與最後審判間的人類命運,在基督教眼中,是一漫長的旅次,而其中,每一生命,每一個別的「朝聖」過程,都是此一旅次的反映。只有在時間裡,因而也是在歷史裡,作為一切基督教思想之軸心的原罪與救贖的大悲劇,始能展開。我們的藝術,我們

的文學巨構，迴盪著「過去」的回聲。我們的實行家不斷地把真確的或所謂的歷史教訓掛在嘴上。當然，我們應該注意到同一文明內各種不同的群體心理間的微妙差異。舉個例子，許久以前，庫爾諾（Antoine Augustin Cournot）* 即已觀察到：群體的法蘭西民族，永遠傾向於以理性來重構世界，遠不及德國人那樣熱烈地活在群體記憶之中。[2] 無疑地，文明也會改變。我們的文明有朝一日或會擺脫歷史，這事情本身並非不可思議，而歷史學者最好思索這個可能性。如果他們掉之以輕心的話，

1　在這裡，我發現自己意想不到的從一開始就在反對郎格洛瓦（Charles-Victor Langlois）與塞諾博（Charles Seignobos）的《文學研究導論》（*Introduction aux tudes Historiques*）。在我湊巧看到塞諾博〔在上述一書〕的〈前言〉中（p. xii）一份「無用的問題」的清單時，上面的這段文字已寫好了。在那份清單裡，一字不差地出現了如下的一條：「歷史有什麼用？」對此一問題的這種心態，無疑地與對其他那些有關我們之思想與行動的存在理由（*raison d'être*）的任何問題的心態是一樣的：那些天生──或是有意地決定使之如此──對這些問題就漠不關心的心靈總是發現難以了解為什麼其他的心靈會以它們為反省關注的對象。雖然如此，由於既然有這個機會，相對於那本名實相符的名著，我認為最好馬上說明我的立場。我自己的書──計畫不同，且在某些部分，遠為不盡理想──斷斷不敢僭越要取而代之。我是該書二位作者的學生，特別是塞諾博的學生。他們二位對我極為關照，個人受惠於他們的教誨及作品亦頗多。不過，他們二位不僅教導我們：史學工作者首要的職責是在真誠毋欺；他們也完全了解：我們的研究的進步正是奠基在不同代的學者之間不可避免的對立。因此，我將繼續信從他們的教導，當我認為有用時，就毫無顧忌地批評他們；就如同我希望，有朝一日，也輪到我的學生來批評我。

2　關於反歷史的法國人：庫爾諾在《回憶錄》（*Souvenirs*）一書中，論到帝國〔譯按：指拿破崙一世的帝國〕末年忠耿情操的蕩然無存時，評道：「……為了解釋在我面前的這個獨一無二的事實，我相信我們必須也把吾人歷史之不普及，以及下層階級間對歷史傳統的低淺意識，列入考慮，至於有關的因素，分析起來太冗長了。」（p. 43）

＊　譯注：庫爾諾（1801-1877），法國數學家、經濟學家、哲學家，也是教育家。

危險的是，較正確的歷史將會湮沒在曲解的歷史之中。然而，要是真的到達了這個地步，代價將是與我們最恆定的知識傳統發生深遠的決裂。

目前，我們的討論僅到達探索良心的階段。的確，每當我們嚴格的西方社會在成長的持續危機中，開始懷疑自己時，總是自問在嘗試向過去學習上是否做得好，是否學得正確？請讀讀那些戰前寫成的東西，或是今天所可能寫的東西：在時下吵雜的牢騷中，你幾乎必然會聽到上面那種抱怨。我本身湊巧有機會在大戰正酣的時刻耳聞此一抱怨的迴響。那是 1940 年的 6 月——如果我沒記錯的話，正是德國進軍巴黎的日子。在諾曼地的一個花園裡，我們這群離軍散隊的參謀們把無所事事的時間花在再三斟酌這個災難的原因上。我們當中的一個人自言自語道：「難道我們真的得相信，歷史已經出賣了我們？」就這樣，一個成年人以辛酸的聲調道出的焦慮與那個少年單純的好奇心不謀而合。兩者都要求有個答案。

「歷史有什麼用？」

在這裡，「有用」是指什麼？不過，在進入這個問題之前，讓我插入一句道歉的話。我目前生活的環境，完全不允許我涉足大型圖書館，加上我自己書籍的遺失，迫使我只能依靠筆記與記憶。我在這本書中打算描寫的歷史工作法則的實踐所

史家的技藝

要求做到的，補充閱讀以及仔細核對，這兩者我都做不到了。將來，我有望彌補這些缺漏嗎？我恐怕永遠沒法做得完滿了。因而，我只能要求寬容。我或該說：「我承認有罪。」但若不是如此，而我這樣做的話，未免是太僭越地要去承擔起命運的罪責。

當然，即或歷史被判定別無其他功用，我們至少可以為它的價值作辯護。或者，更正確地說（因為每個人尋求他自己的樂趣），歷史無疑地娛樂了很多人。就我個人而言，歷史在我記憶之中一直給我帶來無窮樂趣。我想，對所有的歷史學者也是如此。不然，為什麼他們選擇了這項行業？對任何不是蠢蛋的人而言，所有的學問都是有趣的；不過，每個學者只能找到一項他樂於實踐的學問。找出自己的興趣進一步為其奉獻自己，這就是「志業」（vocation），是「使命」（calling）。

歷史學的這點無可置疑的魅力，即值得我們駐足以思。

這種魅力的作用——先引起興趣，然後再刺激進一步的實踐——一向是至高無上的。單純的喜好先於對知識的渴求。在目標非常清楚的研究工作之前，必有一種有此傾向的本能。我們的學術史都經過同樣的過程。即使是物理學，亦不免始於「奇品陳列」室；本來只是對古董的不務正業的嗜好，卻啟發

了不少嚴肅的學問。考古學以及較近的民俗學，就是這樣誕生的。大仲馬（Alexander Dumas）*的讀者大有可能是潛在的歷史學者，他們只是（就我的觀點而言）缺少訓練去發現實際研究中更道地、更強烈的樂趣而已。

尤有進者，有方法有條理的研究（伴隨著一切必要的嚴格要求）一旦開始，這種吸引力將不會減弱。相反地，所有真正的歷史學家都可見證到這種魅力的增進，不管是在廣度及強度上。此點可證諸任何知識性的學問，當然，歷史有它獨特的美學上的愉悅。構成歷史之獨特對象的人類活動，其壯觀場面最是設計來誘發想像力的——尤其是當它因時空遙遠而帶著那來自陌生事物的微妙魔力時。偉大的萊布尼茲多半承認這點，因為當他從數學與自然神學的抽象思辨中，回頭來解讀神聖羅馬帝國時代之日耳曼的古代特許狀與編年史時，一如我們，他經驗到「得知個別事物的凜然之感」。讓我們捍衛我們的科學不被剝奪其享有的詩意。也讓我們警覺到以此一詩之質素為恥的趨勢（對此，我已感觸到）。因為歷史對情緒有強烈的吸引力而就此認為它較無法適合知識份子，這是荒唐透頂的。

雖然如此，設若歷史這一幾乎普遍存在的魅力是為它辯護的唯一理由——簡言之，設若它只是一種有趣的消遣方式，如同橋牌或釣魚——它值得我們大費其神去撰寫嗎？我的意思是

說，撰寫歷史，為什麼要正直、要忠實、要盡最大的可能去洞察其隱藏的原因，以及解決隨之而來的困難呢？紀德（André Gide）÷ 曾寫道，在這個時代裡，我們不再被允許做僅有娛樂價值的事，甚至，就算它是智力上的娛樂。這話是在 1938 年說的。1942 年，輪到我來寫時，他的話所代表的意義是更為嚴肅了！確然，在一個站在原子化學之門檻、才剛開始探測太空之謎的世界裡，在我們這個可憐的、無論如何有理由以科學為傲、為自己所創造的幸福卻微乎其微的世界裡，歷史——其所需的博學強記以及其沉悶煩瑣，輕易的就可耗費掉一生光陰——確當被詛咒為精力的荒謬浪費，簡直就是近乎罪犯——如果史學的目的僅在於為我們的一種遊戲敷上一層真理的淺妝的話。準此，要不然我們得勸阻所有較佳的心智遠離歷史工作，否則歷史就必須證明其之所以為一種知識的正當性。

不過，這有一個新的問題。到底是什麼才能給予一項知識其正當性的地位。

我相信，今天沒有人——包括正統的實證主義者在內——敢說：研究的價值必須就其導致行動的能力來衡量。經驗告訴

＊　譯注：大仲馬（1802-1870），法國小說家兼劇作家。他的一系列冒險小說，涵蓋了整個法國歷史，但對史實及人物任意更動。
÷　譯注：紀德（1869-1951），法國著名作家。

我們：即令是最抽象的玄思最終是否能證實其在實際上有非凡的用途，這點是不可預先逆料的。認為人沒有權利撇開一切物質福利的考慮來滿足其知識上的欲望，是對人性的斷傷。就算歷史對人的**物質生活**或**政治需求**永遠沒有什麼貢獻，它對人之充分發展是不可或缺的。就這一點，我們可以為歷史辯護。然而，儘管我們把問題限制在此範圍，問題本身並不因此而解決。

我們的智性的本質是這樣的：它之受到求知意志的激發，遠少於要求了解的意志。由於這一點，導出它所承認為真實的幾門科學，是那些已成功建立現象之間解釋關係的學科。剩下的，則一如馬勒伯朗士（Nicolas Malebranche）*所說的，僅僅是「博學廣聞」而已。此刻，博學廣聞能夠好好披上娛樂或狂熱的形式，但它在今天，比在馬勒伯朗士的時代，更不能被看成知識份子的正當工作之一。即使撇開任何實用性不談，歷史必須不僅僅是支離且（讀者或許要說）近乎無窮盡的舉例，而該具有理性的分類與進步的清晰性，只有在這種允諾下，歷史才能正當地在那些真正值得盡力的學科中佔有一席之地。

然而，不可否認的是，一門學科如果不能或多或少以某種方式幫助我們生活得較好的話，我們總會覺得它不夠完美。再者，歷史，這門如此清楚註定要為人謀福利、以人及其行動為

主題的學問，我們對它的感受豈不該特別強烈嗎？事實上，持久的嗜好激勵我們近乎本能地要求歷史指導我們的行動，因而，如上述被征服的士兵的例子，如果歷史看來無法給我們指引的話，我們自然是要光火的了。歷史之用途這個問題，就「用途」這個詞嚴格而「實用」的意涵而言，是不能與其嚴格的知識之正當性問題相混淆的。再者，用途此一問題照說在事物的次序上必須列為次要的；因為，在合理的行動之前，需要的是了解。常識告知我們不能再迴避這個問題。

在自稱為我們的顧問中的一些人，已經提出答案。他們盡力斥責我們的樂觀。最狂妄的說：歷史的研究既無利可圖且靠不住。其他的人，則以毫不妥協的嚴厲態度，說它是有害的。他們當中一個藉藉無名者則宣稱歷史是「知識份子的毒素所曾製造出來之最危險的化合物」。這些非難提供一椿可怕的誘惑，他們預先把無知合理化了。還好，對我們這些仍保有知識好奇心的人而言，或許還有對他們的判決提出上訴的機會。

但是，如果這項辯論要重新再來過的話，必須得奠基在較可靠的資料上。

---

* 譯注：馬勒伯朗士（1638-1715），法國天主教教士、神學家，也是笛卡爾主義的重要思想家之一。

因為，我們該注意的是，一般非難歷史的人似乎不曾留意到，儘管他們的話充滿了辯才與機智，但他們卻多半忽略了問他自己：正在討論的到底是什麼？對於我們的研究，他們自己所塑造的圖像，並不是在工作房描繪成的，給人的感受，與其說是研究，倒不如說是在辯論台上的表演。最嚴重的，這些圖像是過時的。因而，當該說該做的都說了做了之後，充其量，他們的一切精力只不過是用來驅走一個不存在的幻象而已。此處，我們要做的有所不同：我們企圖要評估的，是那些在研究時真正運用的方法的價值與其可靠性——一直到較低層次以及細微的技術細節。我們的問題與每天受到資料逼迫的史學家所面臨的問題一樣。簡言之，我們首要的目標是說明一個歷史學者如何與為何從事他的行業。至於這個行業是否值得從事，則留待讀者自行決定。

　　然而，我們得小心，即使經過這樣的界定與限制，這項工作並不那麼簡單；它可以是簡單的——如果我們處理的是一項實用藝術。通過時間考驗的手工一項一項被列出來時，實用藝術的價值即得到充分的說明。但是，歷史既不是造手錶，也不是做櫥櫃，它是一項尋求較佳了解的努力，因此，是進行中的。僅將自己局限在描述一門科學的當前面貌，總要扭曲了那麼一點。更重要的還是：指出在未來可期望的改進。這樣的一

項課題在現階段不可避免地要滲入相當分量的個人見解。的確，每一門科學在其發展的每個階段，不斷受到分歧趨勢的糾纏；而想在不預測未來發展的情況下，決定哪個趨勢是目下的主流，幾乎是不可能的。我們不能逃避這個責任。畏懼責任，在知識領域，一如在其他領域，都同樣可恥。不過，為了誠實起見，還是得給予讀者適當的警告。

此一警告之所以更為緊要，是因為每一項方法學上的研究所遭遇到的困難，由於各個學科的發展——經常是不規則的——程度不同，而有極大的差異。例如，五十年前，當牛頓仍然高踞權威寶座時，想以一個藍圖所可能達到的精確度來建構一個力學上的理論，遠較今日為易。然而歷史至今仍陷溺於輕下斷言的階段。

因為歷史不僅僅是一門在發展中的科學。正如所有以人類的精神層面為其對象的科學，歷史此一理性知識領域內的新來者，也是一門尚在襁褓中的科學。或者，說得更清楚些，由於孕育於純粹敘述的胚胎中，歷史長期以來受困於傳說，而且更長久的只關注最醒目的事件。因此，以一門致力於理性分析的學問而言，它還是相當年輕的。此刻，歷史學終於奮力想透視到表面行動的底層，這不但得抗拒傳說與修辭的誘惑，而且得對抗更為危險的現代毒藥——因循的教學與冒充常識的經驗主

義。在幾個最基本的方法問題上，它還沒有通過最初的試驗性摸索，因此，當古朗士（Numa Denis Fustel de Coulanges）* 以及更早的培爾（Pierre Bayle）+ 稱它為「所有科學中最困難的一門」時，他們所言的確非常接近事實。

不知這是否僅僅是一個幻覺。在我看來，不管我們的路途在多少點上是如何地不確定，我們此時所處的位置比前人更利於瞧見前途的微光。

我們的上一代（十九世紀的最後幾十年，甚至包括二十世紀初），似乎是被孔德學派的物理觀念所催眠。這個令人著迷的**先驗圖式**（*schema*），影響了每一個領域的知識份子，對他們而言，任何一門可靠的學科，如果不能直接而無可置疑的顯示：它可以導出——具有至高至善且放諸四海而皆準的——全然確定的公式，則無法存在。在當時這幾乎是一致性的意見，但是當應用到歷史研究時，由於各個歷史學者氣質的不同，產生了兩種相反的學派。

第一派相信，建立一門符合所有的科學理想的人類演進之科學，確屬可行，並全力以赴。他們樂意放棄許許多多眾所周知而外於人類真正科學的事實，對他們而言，這些事實頑強的排斥理性的了解。他們認為這些被淘汰的殘渣，僅只不過是些

史 家 的 技 藝

事件或偶然事件而已。雖然，它實在也是生活中最親密也最個人層面的美好事物。總而言之，這是由涂爾幹所創立的社會科學學派的立場。（當然，早期對原則的固執，在實踐中逐漸地——雖然不太情願——軟化，這些人究竟還是明智得足以屈服於事物的真實面目之前）。對這個偉大的科學性的努力，我們的研究受惠頗鉅。它教導我們：較深刻地做分析、較確定地掌握問題。甚且，我敢說，較真誠地思考。對它，我們只有無限的感激與尊敬。如果目前看來它稍嫌貧乏，那也只是由於一切智性的運動，遲早必須為它的豐饒的時刻付出代價。

另一個學派的研究者，則採取頗為不同的觀點。一方面，他們無法把歷史作為嚴謹的物理科學來處理；再者，由於早年的訓練，他們特別關心資料批判的各種困難與疑問，周而復始地做這些工作。然而，他們從這些經驗中所獲的教訓，卻是失望地了解到自身的卑微。在最後的反省下，他們覺得所獻身的這門學科，在目前既無法提供確切不疑的結論，在未來也不能有任何進步的希望。他們傾向於視歷史為一種美學遊戲，一種對心靈健康有益的保健運動，而非一門真正的科學知識。他

* 譯注：古朗士（1830-1889），法國歷史學家。
÷ 譯注：培爾（1647-1706），法國哲學家兼批評家。

們有時被稱為**說故事的歷史學家**（*historiens historisants*），有著真正的「歷史的」觀點；但是，這樣的一項判斷確實對我們的行業造成傷害，因為它似乎就是要從否認歷史的可能發展中尋找其本質。就我而言，我寧可從他們所源自的法國思想中，為他們尋找一個意味較深長的象徵。

　　如果我們接受弗朗斯（Anatole France）*的作品中記載博納爾（Sylvestre Bonnard）事蹟的年代。那麼，這位和藹而多疑的博納爾先生是個時代倒置的人物+，就像那些古代的聖徒——被中古時代的作者天真地加上本身的時代色彩。博納爾（暫且把此一虛構的人物當成有一刻鐘的真實存在）——「真正的」博納爾生在第一帝國（the First Empire）+——應當屬於浪漫主義時代的歷史學者。他分享同時代歷史學者活潑而豐富的熱忱，以及他們對歷史「哲學」之未來的純真信念。讓我們且不管他理當生存的時代，把他放回弗朗斯替他安排的那個時期。他因此可視為贊助一整群歷史學者的聖徒，這些學者大致與此一傳記作者同時代。他們是相當誠實的工人，但做起事來有點兒容易氣喘，也許可以比擬為有著放蕩父親的孩童，狂野的浪漫主義的歷史狂歡正將他們的章法弄亂。站在從事實驗室工作的同仁身旁，他們頗感自卑；他們比較傾向於建議小心謹慎，而非大膽嘗試。即使像我所深愛的老師塞諾博（Charles Seigno-

　　　　　　　　　　　　　　　　　　　史 家 的 技 藝

bos）那麼生氣勃勃的智者，有一次無意中說出一句大致可當作他們的格言的話：「問自己問題是有用的，**但去回答它們，這可是危險得很。**」這當然不是個好吹牛者的言論，不過，如果沒有物理學家的大膽嘗試，又哪有今日的物理學？

我們的心靈環境已經改變。氣體的動力學理論、愛因斯坦的力學，以及量子理論已深深改變了僅在昨日還被視為天經地義的科學觀念。他們並沒有削弱它——只是使它更富彈性。他們的確常以無窮的可能性來取代嚴格的可度量性——永遠相對的度量觀念。他們影響了無數的心靈（當然也包括我自己在內）。由於智力或是早期訓練上的缺陷，我們現在倒反而能保持距離（就像透過其反映的光芒）來了解此一大變局。因此，我們可以較有準備地承認：一個學科，儘管不強調歐幾里得式的論證或不變的重複法則，仍可宣稱具有科學的尊榮。我們發現把確定性與普遍性看成只是程度上的問題，要好一些。我們

---

* 譯注：弗朗斯（1844-1924），法國小說家兼諷刺家（satirst）。1881 年以小說 *Le Crime de Sylvestre Bonnard*（《博納爾修士的罪惡》）獲得法蘭西學院獎。

✢ 譯注：以下這整段關於博納爾修士的文字，頗為晦澀難解。弗朗斯的 *Le Crime de Sylvestre Bonnard* 是採日記形式，而以博納爾為第一人稱的自傳小說。日記記事起於 1869 年 8 月 21 日。準此，博納爾當與浪漫主義的歷史學者屬於同一世代（浪漫主義時期約在 1780 至 1830 年之間）。弗朗斯顯然把博納爾寫成與他一樣是十九世紀後半葉的一代，而從布洛克這一輩的歷史學者看來，在浪漫主義的浪潮過後，他們反而太過於小心謹慎，缺乏開拓新境界的膽識。

✢ 譯注：第一帝國係指拿破崙所建立的王朝，自 1804 年到 1814 年為止。

不再認為有必要在每種知識領域強加一套借自於自然科學的知識模型，因為，甚至在自然科學裡，此類模型也不再完全適用。我們雖然還無法曉得這些「人的科學」有朝一日會成為怎麼個模樣，但我們確實知道，為了生存（而且，毋庸說，以符合理性的基本法則的方式生存下去），對自己獨特的本質，它們既不需要否認，也毋需引以為恥。

我贊成職業史家，尤其是較為年輕的史學工作者去反省有關我們的技藝的困惑，以及無止境的內在探索。這該是最可靠做好準備的方式；透過謹慎的選擇，合理地導引他們的工作。我尤其渴望見到陣營日益擴大的他們，達成更廣闊更深入的歷史研究，對這樣的歷史研究，我們有些人——且日益增多——已開始有所了解。如果我的書能對他們有益，我的工作就非徒勞。我承認：這是本書的部分目標。

不過，我不是專門地或甚至主要地，只為這個行業而寫。我們這門科學的不確定性，我認為不該在其他人的好奇心前掩飾起來——這種不確定性正是我們存在的理由。它為我們的研究帶來新鮮感。基於一切新的冒險，我們應當有權為歷史研究要求寬容。這種不完美性，只要不斷力求充實自己，就像最完美的成功一樣地誘人。改寫佩吉（Charles Péguy）的話則是：好的農人從耕耘與播種中，得到的快樂一如從收成中得到的一

樣多。

　　以幾句自我告白來結束這短短的導言，應該是相當妥切
的。每一門科學，就其本身而言，代表的不過是追求知識的普
遍性努力中的一個片斷。我已在前面舉過例子：想了解欣賞某
一學科的研究方法（無論這些方法有多專門），必須做的是，
去看看他們與同時存在於其他領域內所有趨勢之間的關連。目
前，這個以方法為研究目的的研究，本身已是一門專門的行
業，其技工被稱為哲學家。那是個我所不敢僭越的頭銜。由於
筆者所受教育的缺陷，本書在語言之精確與視野之廣度上，無
疑會有許多不足之處。野人獻曝，除此之外，別無其他：這只
是一本屬於一個喜歡反省日常工作的藝匠的備忘錄，一本屬於
長久使用尺及水平儀——而不敢想望自己是個數學家——的職
工的記事本。

1

歷史、人與時間

History, Men, and Time

1. 歷史學者的選擇

　　「歷史」這個辭兒十分古老──古老得有時令人生厭；雖然還沒過分到想把它從語彙中拿掉。即使是涂爾幹學派的社會學也還給它留了點餘地。然而他們之所以如此，只不過是想把歷史貶謫到人之科學的一個可憐的小角落──一種祕密的地窖。在他們為社會學保留了所有看來經得起理性分析的東西後，那些被貶斥為最浮面且最反覆無常的事，就被他們鎖在此

一地窖。

這裡，我們相反地保留了「歷史」這個名辭最廣義的解釋。這個名辭，在探究真相的途徑上，並沒預先頒下禁令，其研究對象可以自由地轉向個人或社會，轉向短暫的變動或最持久的發展。它本身不具任何信條；我們所要做的，只是根據其原始意義，致力於「探究」（inquiry），此外無他。這個名辭既然在兩千多年前就已出現，它的內容，無疑已有巨大的改變。這是語言中所有還真正在通用的名辭的命運。如果每門科學一有進展，就得另尋新名——那麼，我們得命多少名？對學術研究又是多麼浪費時間！

雖然仍安然地忠實於其榮耀的希臘名稱，我們的歷史不必像密‧希卡帖斯（Hecataeus of Miletus）*的歷史學，正如克爾文（William Thomson Kelvin）爵士+或朗之萬（Paul Langevin）+的物理學之不像亞里斯多德的物理學。那麼，我們的歷史學究竟是什麼呢？

首先，當我們正集中注意力在研究**真正**的問題時，勾畫一個沉悶而僵硬的定義，是不切實際的。沒什麼嚴肅的工作者會拿這樣的信條來增加自己的負擔的！不僅是因為定義的細瑣精密性會喪失每項知性創造中的最好部分——即推動一門尚未定型而有發展潛力的知識的原始驅力；更糟的是，這種小心翼翼

的定義只帶來更多的禁制。聖典辭彙編纂者聲明:「這個題材,或處理它的方式,無疑是有魅力的,但是——小心些,年輕的學徒!——它不是歷史!」那麼我們是古代行會(guild)的紀律委員會嗎?——明文規定哪些工作是允許會員去做的,同時根據一份固定不變的名單,毫不猶豫地只准那些擁有執照的師傅去做。[1]物理學家與化學家要聰明多了——就我所知,他們從不爭論物理學、化學、物理化學或化學物理(假設有這樣的名稱)各自擁有的權限。

然而,面對極為混雜的事實,歷史學者的確得劃定他的工具所運使的獨特領域;因此,他必須做選擇——顯然地,並非生物學家的那種選擇,而是歷史學者適當的選擇。這裡,我們碰到一個行動上的實質問題,在吾人之研究中,將不斷面對此

1　[英譯者按:下列的註腳只是一張紙片上的片斷。句子的開頭遺失了。]……如費夫爾(Lucien Febvre)[譯按:費夫爾(1878-1956),是布洛克在史特拉斯堡大學的同事。1929年合辦《經濟社會史年鑑》;為年鑑史學的主要奠基者。]指出的,當有人想在歷史中尋找人類發展所遵循的途徑時,歷史本身即有責任向他揭穿這個最大的謊言。不惟每門學科,分別地,在由鄰近領域逃難而來的難民中,找到它最成功的藝匠。巴斯德(Louis Pasteur)刷新了生物學,但他不是生物學家——且終其一生常被迫如此感覺;就如同涂爾幹以及白拉士(Vidal de la Blache),前者由哲學家轉為社會學家,後者則為地理學家,二者都不在公認的歷史學家之列,但他們在二十世紀初給歷史研究留下的烙印,比起任何專家都來得深刻。

＊　譯注:密‧希卡帖斯(6th-5th B.C.),古希臘人,著有一本歷史書及數本旅遊書。

÷　譯注:克爾文(1824-1907),美國數學家及物理學家,1892年受封為爵士。

＋　譯注:朗之萬(1872-1946),法國物理學家,以研究X光、磁力學及相對論有名。

一問題。

2. 歷史與人

「歷史」有時被認為是：「研究過去的科學」。對我而言，這說法並不確當。

因為，這樣的「過去」而能成為科學研究的對象，這種觀念首先就荒唐透頂。不經事先的蒸餾，我們如何能使那些現象——除了與我們不同時間外再無其他共通特徵——成為理性知識的內涵呢？反過來說，我們能想像有一門關於宇宙現況之全部的科學嗎？

歷史學剛開始時，古代的編年表者無疑的極少受窘於這些問題。他們敘述零亂的事件，其間唯一的關聯只在於它們都約莫發生在同時：日月蝕、冰雹，以及隨著戰役及君主、英雄之死而突然出現的天文異象。然而，必要的分類經由持續的努力分析，已逐漸應用到人類早期的回憶錄——其紛亂就像小孩的觀察。由於我們的語言基本上保守的本質，任何探討時間之流中變遷的研究，都隨意地用了「歷史」這個名稱。不過，這習慣無傷，因為它並不欺瞞任何人。就此意義而言，有所謂的太陽系的歷史，因為構成此一星系的星球並不永遠如我們現在所

見到的樣子。這屬於星象的領域。也有火山噴出物的歷史，關於地球的構成，我相信那是最生動有趣的了。但是，它與歷史學者的歷史無關。

或者，至低限度，只有在它的觀察碰巧與吾人之歷史所特別關注的事項相符時，它才與歷史學者的歷史有關。那麼，在實際應用時，分工要如何來決定呢？要了解這點，一個實例勝過千言萬語。

在西元第十世紀，一個深邃的海灣——茨維恩（Zwin）——凹進了法蘭德斯的海岸*，這個海灣日後被砂淤塞了。研究此一現象，該屬於哪個學科？乍看之下，每個人都會主張地質學。沖積物的沉澱、海潮的作用，或是海平面的改變：地質學不就是被創立來處理這樣的問題嗎？這當然沒錯。但是，再細看之下，事情並不如此簡單。了解此一變化的源起，豈不該是首要的問題嗎？地質學家當下被迫發問這嚴格說來不再屬於他領域的問題。因為，這個海灣的淤塞，無疑至少是與堤防的建構、水道的改向，以及排水方式有關——這全都是人的活動：基於集體需要，且只有在某種社會結構下才有可能的活動。在

---

*　譯注：法蘭德斯（Flanders），中古郡名，在今比利時、法國與荷蘭交界處。

這鎖鍊的另一端，存在這一個新的問題：影響的問題。在距海灣末端不遠處，藉著一條短河道與海灣相連絡，興起了一個城鎮。這就是布魯日（Bruges）。經由茨維恩水域，它進出口最大宗的商品，這使它成為──相對來說──當時的倫敦或紐約。然後，逐日的，泥沙開始淤積。當水往後退時，布魯日把它的船塢及海港更往河口伸展，但徒勞無功。漸漸地，它的碼頭困乏不動了。這當然不是導致衰落的唯一原因；（物理事物──除非是由於還是來自於人本身的其他因素，為它的作用鋪路、鼓動，並給予活動的餘地──可曾影響過社會事物？）但至少確是在這個因果之鏈中最有作用的環節之一。

準此，一個社會根據其需要來改造賴以生存的土地，這樣的行動，任何人只憑直覺就可承認，是一樁顯著的「歷史」事件。一個商業重鎮的盛衰也是同樣的。所以，在一個全然具有地形學之特徵的例子裡，我們看到：一方面是一個重疊的領域，任何想說明此一領域的企圖，都必得連結兩門學科；另一方面是轉變的關鍵，當現象已被描述，而唯一的例外是其影響尚待確定時，它即決定性地由一門學科放手給另一門。用來指示歷史之介入的是什麼？──人之因素的出現。

很久以前，我們偉大的前輩，如米殊利（Jules Michelet）*或是古朗士，確實曾教導我們認識到歷史的對象原本就是人

（man）[2]。我們毋寧說，是多數的人（men）。因為複數是相對性的文法形式，遠比有利於抽象觀念的單數，更適合研究變遷的科學（the science of change）。在地理景觀的背後，在工具器械的背後，在看來最形式化的文件背後，以及在看來幾乎已完全背離其創建者的制度背後，就是人本身。而歷史研究想掌握的，也就是這些人。[3] 無法做到這點，歷史頂多只是一項博聞強記的訓練。好的歷史學家就像童話裡的巨人，他知道無論哪兒，只要他嗅到人肉的氣味，獵物就在那裡。

作為人之知識（the knowledge of men）的歷史，此一特性導致其在表達問題上的特別處境。歷史是「科學」，還是「藝術」？約在 1800 年左右，我們的曾祖父輩極有興致就此問題作嚴肅的爭論。其後，約在 1890 年左右，籠罩在相當原始的

2　見古朗士 1862 年的就職演說，*Revue de Synthèse historique*, vol. II (1901), p. 243；米殊利 1829 年在師範學院（École Normale）課堂上的話，為莫諾（G. Monod）所引，見 *La Vie et la Pensée de Jules Michelet*, vol. I, p. 127：「我們同時關懷個別的人（the individual man）的研究——那是哲學，以及社會人（the social man）的研究——那是歷史。」這裡無妨再多說些，多年之後，古朗士以更簡潔、完滿的方式論及此，使得上述的解說看來只不過是他的話的一個註腳。他說：「歷史不是發生在過去的各種事件的累積。它是研究人類社會的科學（the science of human societies）。」但是，這或許削減太多歷史中個人的角色；社會中的人（man in society）與社會（societies），並非可完全等同的概念。

3　「不是人，重申一次，絕不是人。而是人類社會，有組織的團體。」見 Lucien Febvre, *La Terre et lévolution humaine*, p. 201.

＊　譯注：米殊利（1798-1874），法國新歷史先驅。

實證主義氣氛裡的方法論學者頗感憤怒，為的是大眾格外看重歷史作品中被他們稱之為「形式」者。藝術對立於實質：學術史上竟充滿如此精緻的爭論！

比起一個巧妙妥切的片語，一個正確無誤的方程式所呈現的美並不稍遜。不過，每門科學自有其適切的語言美學。人類的行動本質上是非常精緻的現象，許多面相超乎數理上的測量。要適當地把它們翻譯成文字，從而正確地洞悉它們（一個人豈能完全了解他所無法表達的事物？），極度優美的語言以及適度強弱的語調是必須的。在無法計量之處，我們得採用提示的方法。物理現象與人類現象之表達，其間的差異，就如同鑽孔工匠與琵琶製造者的工作之不同：二者都分釐必爭，但鑽孔工匠使用精密的工具，而琵琶製造者則主要依賴他對聲音及觸覺的敏感。若由鑽孔工匠採取琵琶製造者的經驗方法，或由琵琶製造者模仿鑽孔工匠，都是夠愚蠢的。難道我們能否認文字可以像手指一樣的敏感嗎？

3. 歷史的時間

我們稱歷史為「人的科學」，這還是太過含混。必須說：「在時間中的人的科學」。歷史學者不考慮抽象的人，他的思

想自由地呼吸著時間環境裡的空氣。

　　我們的確很難想像任何一門科學能把時間僅只視為抽象之物。只是，對那些把時間依己意割製成同等片斷的許多人而言，時間只不過是個測量器而已。然而，歷史的時間卻為具體而有生命的實體，而且一往無回顧。它是浸泡事件的血漿，也是使事件成為可以理解的場所。放射性物質變化成其他物質所需要的秒、年或世紀，這樣的數目是原子科學家的基本資料。但是這些變化中，已經發生在一千年前、昨天或今天，還是必定會在明天發生的某一特定者，這些無疑地會令地質學家感到興趣——因為地質學就其方法可說是歷史的訓練；然而，物理學家對此卻全然無動於衷。換成歷史學家，沒有人會滿意如下的陳述：凱撒窮八年之力征服高盧，或是馬丁・路德（Martin Luther）從埃爾佛特（Erfurt）正統的見習僧變成惠騰堡（Wittenberg）的改革者的過程共計十五年。對歷史學者遠為重要的是，在歐洲社會的盛衰中，給予征服高盧此事一個正確的時序位置；再說，並不需要去否定一丁點如馬丁・路德那樣的精神危機所具有的永恆面，當歷史學者在人（事件的主角）與文明（事件的時代環境）二者的生命航圖上，描繪出精確的時刻時〔也只有當做到此點時〕，才會感到他已給予一幅真確的圖像。

　　準此，這個真正的時間，本質上，是個連續體；它同時也

是持續的變化。歷史研究的重大難題來自這正好相反的兩個屬性。也正就是這個特殊的問題，提出了我們的研究**存在的理由**這一課題。假設從時代不可間斷的順序中抽離出兩段連續的時期來，那麼，時間之流在它們之間所置定的關聯，對於同一時間之流所帶來的差異，究竟佔（或不佔）優勢到什麼程度？了解前一階段對了解後一階段而言，是不可或缺，還是多餘的？

4. 對起源的偶像崇拜

　　先承認我們自己的過失，永遠不是個錯誤。藉著極遙遠的過去來說明最近，對以「過去」為研究對象的人而言，自然是有吸引力的；然而，它有時則左右我們的研究到催眠的地步。就其最顯著的情況而言，歷史學者部落的偶像崇拜可以被稱為「對起源的偏執狂」。而且，在歷史思想的發展過程中，它已經享有特權。我相信勒南（Joseph Ernest Renan）＊曾寫道（引文根據記憶，因此可能有誤）：「在所有的人類事務之中，研究其起源該在其他一切研究之前。」另外，在他之前，聖伯弗（Charles Augustin Sainte-Beuve）＋說過：「以好奇之心，我仔細檢視並記下一切的開端（beginnings）。」這種觀念是他們的時代一致的典型。「起源」（origins）這個字眼也是。緊接著《基

督教的起源》（*The Origins of Christianity*）有《當代法蘭西的起源》（*The Origins of Contemporary France*），更甭提那些跟隨者了。不管怎麼說，「起源」這個詞彙令人不安，因為它含混不清。

如果它指的只是「開端」，這看來夠清楚的了——雖然對大多數的歷史事件而言，「起點」（a starting-point）這個觀念還是特別地難以捉摸。這無疑是個定義的問題，但不幸的，這個定義的界定也經常很容易給忘了。

另一方面，「起源」意指原因嗎？果真如此，那就沒問題了，除了那些本來在因果探索工作裡一向就會碰到的問題外（無疑的，在人之科學裡，困難甚至更多）。

但是這兩種意義經常互相混淆，更令人擔心的是，極少有人清楚了解此一混淆情況。在一般的用法裡，起源指的是能具說明功能的開端。更糟的是，意指能完全說明事件的開端。含混不清處，即是危險的所在！

某些最有意思的研究或許就是在這種胚胎學式的偏執性格——這在經典注釋者最顯著——的驅使下進行的。「我不懂為

---

* 譯注：勒南（1823-1892），法國神學作家、歷史學家，也是東方學專家。
÷ 譯注：聖伯弗（1804-1869），法國文學批評家。

何你會動搖，」巴雷斯（Maurice Barrés）*向一位失去信仰的教士坦承。「一些學者對少數幾個希伯萊文的爭論，與我的感覺有什麼關係？教堂的氣氛就相當足夠了。」莫拉斯（Charles Maurras）*則說：「四個沒沒無聞（obscure）的猶太人的福音書，與我何干？」（「沒沒無聞」我想是指平民出身；因為，關於馬太、馬可、路加與約翰，我們很難忽略他們至少略負文名）。這些惡作劇者在愚弄我們。不論是巴斯噶（Blaise Pascal）+或博絮埃（Jacques-Bénigne Bossuet）*都不敢如此放言。無疑的，脫離歷史的宗教經驗是可以想像的。對純粹的自然神論者而言，內在的靈明即足以相信上帝。但那不足以相信基督教徒的上帝。因為基督教，如我所曾指出，本質上是一個歷史的宗教：一個將其最主要教義奠基於事件之上的宗教。細讀你的信條：「我信仰耶穌基督……他被彼拉多釘上十字架……而在死後第三天復活。」在這裡，信仰的開始即是信仰的基礎。

現在，這種視起源研究為第一要務的觀念（這在某些形態的宗教分析上確是合理的），已經以一種無可置疑，無所避免的趨勢，蔓延到其他的研究領域——儘管在那些領域裡，其正當性還大有問題。尤有進者，起源取向的歷史被拿來為價值判斷服務。泰納（Hippolyte Adolphe Taine）*之所以要追溯他那個時代法蘭西的「起源」，除了想抨擊他認為是錯誤的人之哲學

所帶來的政治惡果外，還有什麼其他的用意？而不論主題是日耳曼人入侵或是諾曼人征服英格蘭，人們之所以這樣勤勤懇懇地用過去來解釋當代，也只是為了想為當代辯護或加以非難。因此，在許多例子裡，起源這個魔鬼彷彿已變成只不過是真實的歷史之另一惡敵——熱中於下判斷——的化身。

不過，讓我們回到基督教的研究上。對一個受困惑、追尋自我的良心而言，以某些類似在教堂裡朝夕薰陶出來的規範，來決定其對天主教的態度是一回事；而歷史學者把目前天主教當成一個被觀察的對象來解釋，則全然是另一回事。知道其開端，對了解實際的宗教現象是不可或缺的，但卻不足以解釋該等現象。為了簡化我們的問題，名稱相同的信條在實質上相似到何等程度這個問題，必須挪後再談。即使假設我們的宗教傳統完全不變，我們也必須說明其為何持久不變。也就是說，我們要的是人的理由，因為神意的介入這種假設是非科學的。換

＊　譯注：巴雷斯（1862-1923），法國小說及雜文作家。
÷　譯注：莫拉斯（1868-1952），法國詩人、新聞記者。1899 年後積極參與政治運動，擁護君主制。其作品自此帶有濃厚政治意味。
+　譯注：巴斯噶（1623-1662），法國數學家及思想家。
＊　譯注：博絮埃（1627-1704），法國神學家。
＊　譯注：泰納（1828-1893），法國批評家及史學家。

言之，問題不再是耶穌是否先釘死在十字架再復活，而是它是如何傳下來的，以致今天有如此多的同胞相信十字架殉難及復活。實際上，不管我們從何處發現對信仰的忠誠，所有的證據都指出，它只不過是群體一般生活的一個面相罷了。就像一團線球，由社會結構與心態的種種不同特性交織而成。簡言之，宗教之教義涉及整個人類環境的問題。高大的橡樹是從小小的櫟子長成的。但是只有遇上適宜的土壤及氣候條件時，才有此結果，而這些條件是完全超乎胚胎學的範圍的。

宗教歷史在此只是引來作為範例。任何尋求人類活動之起源的研究，同樣潛藏著把世系與解釋混為一談的危險。

這十分類似某些傳統語源學家的幻象，當他們把一個字異於今義的最古老用法找出來之後，他們就認為已經說清楚了。例如，他們指出 *bureau* 這個字最初是指粗糙的羊毛布，至於 *timbre*[4] 則是鼓。對他們而言，主要的問題好像不是在了解這變化如何以及為何發生。尤其是，就好像每個字的界定受到其過去的影響多於受到目前使用狀況的影響；雖然字彙的意義，實際上是由當下的社會條件所決定的。*bureaux* 在 *bureaux de ministère*（政府部門）一詞中，是指一個官僚系統。當我在郵局窗口買 *timbres*（郵票）時，我之所以能夠使用這個名辭，乃

是因為現代的科技發展已使得人類的聯絡方式有了革命性的改變。例如郵政設施本身組織的改變，以及塗膠的小小圖片取代了到郵局蓋郵戳。由於古字的不同用法——因行業而特殊化——在今天其差異是如此地巨大，使得我用來黏在信封上的 *timbre*（郵票），與樂器商人誇口他的樂器具有純粹的 *timbre*（音色），不會發生混淆。

我們提到「封建制度的起源」，要到哪裡尋找呢？有的說：「羅馬」，有的說：「日耳曼」。他們之所以會弄混，理由是顯而易見的。無論是羅馬或日耳曼民族的某些習俗，如主客關係、戰友關係，以土地使用權為勞役的酬傭等，在歐洲都由後來的世代——即我們稱之為「封建的」時代——所繼承下來。但是，這習俗已有大幅度的改變。有兩個字——拉丁民族的 "benefice"（*beneficium*，聖俸），以及日耳曼語系的 "fief"（封地、采邑）——仍為後代所繼續使用，但逐漸地、不知不覺地，賦予了它們相當新的意涵。因為，人們每次改變習俗時，並未隨之而改換字彙，這點實在令歷史學家大為洩氣。所有這些討論皆極有意思，但它沒告訴我們封建制度的起因。歐洲封建制度的特殊建制並不僅僅只是殘留物的拼湊。在我們歷史的

4　郵票。

某個階段，這些特殊建制源自整個社會情境。

塞諾博曾論道：「我相信十八世紀的革命思想……來自十七世紀的英國思想。」他這樣說，指的是啟蒙運動的法國政治評論家讀過、或受到上個世紀某些英國作品的間接影響，而從中選擇了他們的政治信念嗎？我們或可接受這個命題，如果我們的啟蒙運動**哲學家**對這外來的處方，在知識的實質或環境的回顧上，果真一無原創性的貢獻的話。然而，即使武斷地決定這純係舶來品，此一知性運動的歷史還是非常不清楚。因為我們還是得回答為什麼觀念的轉移會發生在當時——不早不遲。傳染病的蔓延預設了兩件事：細菌的繁殖，以及在疾病侵襲的時刻有適合繁殖的場所。

簡言之，一樁歷史現象絕不能與其發生的時刻分開來了解。這對每個演進的階段而言——我們自己的，或所有其他的——永遠真確。如阿拉伯古諺所云：「人之肖似其時代，甚於肖似其父親。」儘管這個東方的雋語有時不免帶來對「過去」之研究的不信任。

5. 過去與現在之間的界線

那麼，我們是否必須相信，由於過去不能完全說明現在，

因此它在詮釋上全然無用？有意思的是，今天我們居然可以就這個問題提出質詢。

才不久之前，這個問題的答案幾乎是毫無異議地預先設定的。「局限其思想於現代的人將無法了解當前的真實。」在《人民》（*Peuple*）一書的開頭，米殊利如是說──那是一本好書，只是感染了寫書時的那個時代的熱病。更早些，萊布尼茲在歷史研究所帶來的諸種好處中，列上：「當前事件的起源可在過去事件中發現；因為再也沒有比透過對其起因的研究可以更透徹地了解一項事實的了。」[5]

然而，自從萊布尼茲以及米殊利以來，事情已有重大的變化。持續不斷的科技革命已無可估量地加寬了世代之間的心理鴻溝。電氣化以及航空紀元的人感覺自己與祖先距離很遠，或許頗有道理罷。至於他之有意下結論說祖先已停止影響他，則是不很明智的。在工程是尚的心靈裡，也固存著一項現代主義的曲解。精通老式的伏特電學觀念，對管理或修理發電機，是必須的嗎？藉著這個類比（蹩腳十足，卻能迅速地為受到機械主宰的心態所接受），我們容易認為：對祖先所做的分析，於

---

5 「歷史有三個用途：第一、我們從認識個別的歷史事件中得到樂趣；第二、我們可以從歷史中得到生命的教訓；第三、從事件的不斷重演，我們可以知道事件的緣由。」Opera 編，Dutens 譯，*Accessiones Historioe* (1700)，序言，4: 2，頁 53。

了解並解決當前的重大人類問題，恰恰是沒有用的。儘管沒能完全認識此點，歷史學者也不免為這種現代主義所籠罩。那麼他們豈不也該感覺到，在他們的領域裡，新與舊之間的界線也起了變化？譬如，僅在昨日還在政治經濟體系之每一指南中被視為基準的穩定通貨與金本位制度，到底怎麼了？對現在的經濟學家而言，它們是屬於現代的、還是屬於已經有模型味道的歷史呢？

在這些混亂的印象背後，倒有可能發現一些較一致的觀念，其簡潔單純，至少在表面上，已經控制了一些心靈。

✤　✤　✤

看來似乎是從時間的巨流中截離出來的一小段時期，其開端相當晚近，其結束則與我們的時代重疊。不論是突出的社會與政治特徵、物質設備，或文化色調——它所呈現出來的，沒有一樣與我們自己的世界有任何重大的差異。簡言之，它與我們有非常顯著的「當代性」（contemporaneousness）。由於這一點，導致了它與「過去」的其他時期截然有別的優點（或缺點）。一位高中老師，當我還年輕時他已相當老，曾告訴我們：「自1830年以來，已不再有歷史。全都是政治。」人們不

再說：「自 1830 年以來」──七月日[*]本身已陳舊了。人們也不再說：「全都是政治。」反而，以恭敬的態度說：「全都是社會學。」或者，略為不敬的說：「全都是新聞報導。」雖然如此，仍有許多人樂於重複自 1914 年，或自 1940 年以來，已不再有歷史的說法。然而，在關於歷史之所以被放逐的其他理由，他們的意見則不甚一致。

有些人認為，最近的事件不適合所有真正客觀的研究，原因僅在於它們是近代的，這些人只是希望保住歷史女神克萊歐（Clio）的貞操，免得受到目前爭論的褻瀆。這一點，我相信正是我那年老教師的想法。這是把我們的自制力估量得過低了。而且也相當忽略了下列事實：一旦情緒的弦被撥動了，現在與過去之間的界線即不再由可計量的年表所嚴格規範。在朗格多（Languedoc）高中，我執教的第一個學期就在那裡，那可敬的校長以適合教育首長的嗓門提出一個警告：「在這兒，研究十九世紀鮮少有危險；但是當你觸及宗教戰爭，就必須非常小心！」事實上，任何坐在書桌旁而無力把「現在」之細菌趕出心靈的人，可能很容易就讓細菌的毒素感染到甚至只是對

---

[*] 譯注：the July Days 指 1830 年 7 月 27 日至 29 日的革命，是時法蘭西國王查爾斯五世下鄉狩獵，首都巴黎發生叛亂，查爾斯五世終被迫放棄王位。議會擁路易‧菲利浦為王，史稱七月王朝。

《伊里亞德》（*Iliad*）或《羅摩耶那》（*Ramayana*）*的註解。

另外有些學者——正好相反，然而有其道理——認為當代的社會完全適合科學的調查。但是他們之所以認為如此，只是為了把這類研究保留給其他學科——與以「過去」為研究對象大為不同的學科。他們作分析，並主張（譬如）以局限於幾十年內的觀察為基礎去了解當代的經濟體系。總而言之，他們認為我們生活的時代與過去的差異，其間界線是清楚到不證自明的。這同時也是許許多多純粹好奇者的本能態度。遙遠過去的歷史只不過是以某種無害的知性的奢侈玩意兒吸引住他們的。一方面，一小撮古物研究者懷著食屍鬼般的喜悅，忙著解開已死亡的神祇的裹屍布；另一方面，則只有社會學家、經濟學家以及政論家，才是活人的研究者。

6. 由過去了解現在

細查之下，我們發現：此種自啟的特權之所以賦予「現在」，是基於一套奇怪的假定。

首先，它假設：在一兩代之間，人類事務已經歷了一個不僅快速、而且是全面的改變，因此沒有持續的制度、傳統的行為方式能夠逃過實驗室與工廠的革命。然而，此一觀點忽略了

史家的技藝

許多社會創制獨具的慣力與惰性。

　　人們花時間設計技術，然後則多少自願地成為技術的囚犯。到過法國北部旅行的人，幾乎沒有人會不注意到當地農田奇怪的劃分方式。幾世紀以來，所有權的轉換已經改變了原先的圖案；然而，即使在今天，過度狹長的條狀地，把耕地分割成無數的小片塊，這樣的景觀實在令科學的農業專家頭疼。這種農田劃分無可否認地浪費了不少精力，也給耕作者帶來問題。我們該如何衡量此一現象？某些沒耐性的政治評論家的答覆是：「藉助於《民法》（Civil Code）及其必然的影響。改變繼承法，弊病就會革除。」設若他們多了解一點歷史，或進一步探究幾世紀的經驗累積下所塑造成的農民心態，他們就不會認為可以如此簡單的矯正過來。的確，此種耕地劃分方式的起源是如此地久遠，以致還沒有學者能成功地給予滿意的解釋。史前巨石時代（the era of the dolmens）的住民所發生的影響力，比起第一帝國的律師還要深。因為缺乏糾正，有關這種田地制度的起因的誤解，幾乎無可避免地延續下去。對「過去」的無知，不但蒙蔽了對「現在」的認識，而且也誤導了現在應採取

---

* 　譯注：《羅摩耶那》，印度最偉大的兩篇史詩之一，作者為西元前第二世紀的詩人跋彌（Valmiki）。另一史詩為《摩訶婆羅多》（Mahabharata）。

的行動。

　　一個社會如果要能完全由其緊鄰的前代所塑造，那麼，它的社會結構就必須柔軟到事實上等於是無脊椎的。同時它也必須是這樣的一個社會：世代之間的溝通是以「單列縱隊」的方式進行的——也就是說，小孩與祖先的接觸，唯有透過父母的媒介。

　　然而，事實並非如此。即使當溝通是純粹透過口語，事實也非如此。舉我們鄉下為例。由於工作狀況使得父母幾乎終日在外，兒童主要是由祖父母帶大的。結果，每一新心靈的塑造過程中，伴隨著後退的步伐，最可塑造的心靈與最缺乏彈性的連結起來，而略過了擁護變革的一代。這是許多農民社會所具有的傳統主義的來源，這點殆無疑義。上述例子特別顯著，但絕非獨特。因為年齡群之間的自然敵意，在緊鄰的世代總是強烈的。許多年輕人從老年人那裡學到的，至少是與從壯年人所學到的一樣多。

　　更重要的，在距離更遙遠的世代間，文字記載廣泛地促進了思想的傳承，從而提供了文明的真正延續。以路德、喀爾文、羅耀拉為例，他們當然是屬於另一個時代的人——質言之，十六世紀。想了解並詮釋他們，歷史學者的首要任務是將

　　　　　　　　　　　　　　　　史家的技藝

他們放回各自的情境（milieu），在那裡，他們浸淫在當代的思想環境，面對著與我們大不相同的良知問題。但是，誰能否認了解新教或天主教的改革，對正確地理解今日世界，比起許許多多其他無疑較近代、卻也較短暫的思想或情感運動，豈不遠為重要嗎？

總而言之，此種謬誤清晰可見，之所以要陳述，正是為了要摧毀它。它把人類的演進過程描繪成一系列短暫而猛烈的跳動，沒有一項跳動超過幾個世代的空間。相反地，我們的觀察證實此種廣泛而持續的發展的巨大震動足以從時間的開端延伸到現在。當一個能夠計算其距離到英寸之微的地球物理學家，居然下結論說月球對地球的影響遠大過太陽時，我們會怎麼看待他？不管是在外太空，或是在時間裡沒有一種力量的效能可以由距離的單一向度來測量。

最後，那些似乎已不再支配現在的過去事物——消失得無跡可尋的信仰、流產的社會形式，以及失傳的技術，有什麼重要性呢？是否有人認為，這些事物對他的了解而言，是毫無助益的？他可忘掉了：不經過某種程度的比較是不會有真正的了解的——當然，這種比較必須奠基在不同而又相關的事實上。我們很難否認這就正是此處所談的。

無疑的，今天我們不再如馬基維利所說的，或休姆與波納

德（Louis Gabriel Ambroise de Bonald）*所想的一般，認為在時間裡，「至少有不變的，那就是人」。我們知道人在思惟上，以及同樣肯定的，在肉體最精緻的器官上，也已改變甚巨。怎麼能不是這樣呢？他的精神環境已有重大的改變；同樣程度的改變也見於他的攝生法與飲食習慣。然而，在人類本性以及人類社會裡，必定有一永恆的基礎在，否則人與社會這些名稱就沒有意義可言。如果我們只從人們對某一時刻特定的環境的反應來研究他們，那麼，我們怎能相信我們已了解這些人？——對他們的檢驗是不充分的，即使是就那個特定的時刻而言。許許多多隨時可能從隱匿處冒出來的可能性，許許多多潛藏在個人或集體態度背後、而多少是未察覺到的驅力，都將隱晦不明。唯一無二的個案裡，特殊的因素無法被區分；詮釋因之而不可能。

7. 由現在了解過去

時代之間的凝結性是如此的有力，以致聯結之脈絡在兩方皆可產生作用。忽略過去，不可避免地會導致對現在的誤解。但一個人在企圖了解過去時，如果他對現在一無所知的話，那麼也可能會弄得筋疲力盡而毫無收穫。有一則小故事，我曾在

他處詳述過：有一次我跟皮欒（Henri Pirenne）[÷] 到斯德哥爾摩（Stockholm）去；快抵達時，他對我說：「我們先看什麼呢？那裡好像有一座新的市政廳，就讓我們從那裡看起罷。」然後，似乎是要去除我的訝異，他接著說：「如果我是個古物專家，那我就只要看看古董，可是我是個歷史學者。因此，我更愛生活。」這種了解活生生之物的本領，實實在在是歷史學者的主要特質。儘管他們的作風有時呆板，然而我們同行中最偉大者都具有這項特質。古朗士或瑪特蘭（Frederic William Maitland）⁺，在他們嚴峻的風格裡，有著與米殊利一樣多的此項特質。或許，那是精靈的贈禮，任何沒在搖籃裡發現這項禮物的人，別無其他途徑獲得。但這並不就減輕了持續鍛鍊與發展這項特質的責任。怎麼做呢？有比皮欒那樣不斷接觸現在更好的榜樣嗎？

因為，要靠極努力的想像才能從古文獻中復活的人類生活的脈搏，從現在，卻立即可以認知。我曾讀過許多關於戰爭與戰役的記載，也常敘述它們。然而，在我親身感受到那恐怖

---

*　譯注：波納德（1754-1840），法國政治評論家與哲學家。
÷　譯注：皮欒（1862-1935），是第一個強調歷史之經濟、社會及宗教面的比利時歷史學家。著有不朽之作《比利時歷史》（*Histoire de Belgigue*）及其他。
+　譯注：瑪特蘭（1850-1906），英國法學家及歷史學家。

的、令人作嘔的事實以前，對於軍隊之被圍困，以及一個民族之面臨潰敗，就戰爭此字的全部意義而言，我真的知道那是指什麼嗎？真的由衷知道嗎？在我親自呼吸到 1918 年夏秋兩季的勝利喜悅之前，我真的知道那個美麗的字眼包含的所有意義嗎？（唉！雖然勝利的芬芳不會再這般的相似，我渴望讓我的胸膛再一次充滿這芬芳。）究實而言，不管察覺到與否，我們一向是從日常生活的經驗──在必要時給這些經驗添加新色調──汲取出有助於我們重建過去的要素。如果不了解活著的人，那麼我們用來描述古代的觀念或已消失的社會組織形式的那些名詞，將無太多意義可言。對這些純出於本能的印象，如果能以純熟而具批判性的觀察來取代的話，其價值將增加百倍。一個偉大的數學家，依我看來，不會因為對他所生存的世界茫然無知而有損其偉大。但是，一個對其周遭的人、物與事毫無觀察興趣的學者，倒是──如皮攣所稱的──可戴上有用的古物專家這個頭銜。他若放棄稱自己是個歷史學者，算他聰明。

再者，對歷史的敏感度的培養並不一定要來自研究的對象上。簡言之，可能的情況是：現代的知識對了解過去甚至有更直接的關係。

史家的技藝

認為歷史學者所採取的研究順序一定得與事件的發生順序相符，這的確是個極嚴重的錯誤。儘管在最後，他們還是得恢復歷史的真正時間順序，但如果在一開始時，他們能如瑪特蘭所說的，倒讀歷史，那麼，他們經常會有不少獲益。因為所有研究的自然進展是從最了解的（或誤解最少的）到最含混不清的。當然，若說當我們通過時代的長廊時，資料的光芒愈來愈明亮，這也絕非事實。例如，較之於凱撒或屋大維*的時代，我們對於第十世紀所知道的要少得多了。然而，在大多數的個案裡，時代愈是晚近，與我們較清晰的領域愈是符合。我們還可以加上一點：如果我們的研究只是機械地從前代推向後期，這其中永遠埋伏著一個危險——我們會浪費不少時間去追溯某些現象的起源或原因，而這些起源或原因到最後可能由事實證明只是想像出來的。我們當中最著名的一些學者，由於忽略了隨時隨地遵從謹慎的倒退方法，而偶爾犯了奇怪的錯誤。古朗士一生致力探索封建制度的「起源」，我擔心他所建構的只是一幅相當混亂的圖像；他也致力研究農奴制度的開始，由於受到二手資料的誤導，他的理解完全蒙上錯誤的色彩。

其實，更常出現的是，為了發現曙光，歷史學者或許必須

---

*　譯注：屋大維（Octavius），西元前一世紀羅馬政治家。

追索他的主題一直到現代。我們的鄉村景觀，其某些基本的特色，如前所述，源自非常久遠的時代。然而，為了詮釋那些稀少資料以助我們解開其「開端」的塵封之謎，為了提出正確的問題，甚至僅為了知道我們正在談的是什麼，一個首要的條件是：觀察並分析我們現在的景觀。因為它正好提供了某種包容萬象的視野，沒有這種視野，研究是不可能著手的。毫無問題的，在我們朝「過去」之源頭溯游而上的旅程中，我們的確可以把這幅永遠靜止的圖片，就此現狀加之於每一階段。在這裡，一如在其他地方，歷史學者尋求了解的是變化。但是，在他檢證的影片中，只有最後的圖像是相當清晰的。為了重建其他圖像模糊的面貌，他首先得將底片的捲軸以圖像拍攝時的相反方向放起。

那麼，只有一門以在時間中的人為對象的學問。它要求我們結合對死者以及對生者的研究。我們該如何稱呼它呢？我已經解釋過為何這古老的名稱——「歷史」——對我而言似乎是最合適的。它是最包容萬象的，最不排外的，最有刺激而能活生生地提醒我們那是一項世世代代的努力。當我提議把歷史一直延伸到現在時（這是與某些偏見——還沒歷史本身那麼古老——正相反的），我並沒有欲望想擴張自己行業的領域。生

也有涯，而學則無涯；即使是最偉大的天才也無法窮究人類的全部經驗。某些人將永遠治現代史，而其他的人則專攻石器時代或埃及學。我們只要求二者謹記在心：歷史研究不容割地自治。閉關自守的話，每方將只了解一半，即使是在他自己的研究領域裡——因為唯一的真實歷史是人類全體的歷史，只有經由互助才能進步。

然而，一門學問並不完全根據其對象來定義。它的極限正可以由其固有的方法的性質來定位。

留下來的問題是：隨著研究的接近或遠離現代，研究的技巧是否有基本上的不同。這一點道破了整個歷史觀察的問題。

2

歷史觀察
Historical Observation

1. 歷史觀察的一般特徵

首先，讓我們堅守研究「過去」的崗位。

歷史資料最顯著的特色，就此一名辭普遍與嚴格的意義而言，已曾不斷被描述過。我們知道，根據定義，歷史學者絕對無法觀察他所研究的事實。研究古埃及的學者無人見過拉美西斯二世（Ramses II）*。研究拿破崙戰爭的專家不曾聽過奧斯特里茲（Austerlitz）+的砲聲。我們只能透過目擊者的轉述來談論

較早的時代。根據此一觀點，我們是在困境中——就如同一位警官努力重建他所未曾目睹的罪行，或如同一位因流行性感冒而臥床的物理學家，只能從實驗室技工的報告中，聽取自己的實驗結果。簡言之，相較於關於現代的知識，過去的知識必然是「間接的」。

沒有人妄想否認這些意見裡所存在的事實。然而，大幅度的修正還是有必要的。

✛　　✛　　✛

讓我們假設一位軍隊指揮官剛贏得一場勝利，然後立即動手寫報告。假設作戰計劃是他擬定的，也由他指揮。最後再假設：幸虧戰場大小適中，他能夠把整個衝突的發展幾乎盡收眼底（為了使這個論證俐落，我們得設想一場在狹窄空間內進行的古代戰役）。儘管如此，無可置疑的，在不少重要場景裡，他不得不參考手下的報告。在扮演敘述者時，他只須照著幾小時前他行動時所做的一樣去做就行。然而，作為指揮官，把軍隊有條不紊的帶進戰役的風暴中，哪樣的消息對他最有用？是透過他的雙眼望遠鏡看到的相當混亂的場面，還是根據信差和侍從官十萬火急帶來的報告呢？極少有軍隊的指揮官能自己扮

　　　　　　　　　　　　　史家的技藝

演視察者。即使是在像這樣一個有利的假設下，被認為是研究現代才有的特權的、神奇的「直接」觀察，到底是什麼東西呢？

事實上，它簡直不過就是個幻覺——至少，只要觀察者稍稍擴展一下視野的話。我們所看到的大多數事物是透過別人的眼睛。作為經濟學家，我密切注意這個月或這幾個星期的交易動向；我們所做的是透過別人所編輯的統計圖表。作為研究當代的學者，我專心探究公眾對重要時事的意見。我提出問題，作筆記、比較，並計算答案。然而，我所有的，只不過是些表達得相當蹩腳的觀念——我的報導者就他們自己相信的，或樂於披露的，所鋪陳出來的觀念。這些都是我的實驗對象，但是，當解剖天竺鼠的生理學家用自己的眼睛來觀看他所研究的病變或異常時，我卻只能透過當事人所同意給我的綱要圖來了解「街上行人」的情緒。因為，個人受到其感官與注意力的局限，對於構成群體命運的事件與言行所織成的巨幅繡毯，永遠只能了解一小碎片；更何況，由於他只對自己的心靈狀態有直接的領悟力，所有人類的知識，無論應用到哪個時代，都必須

* 譯注：拉美西斯二世，在位年代：1304-1237 B.C.。在 1922 年杜唐卡門（Tutenkhamen）國王陵寢被發現以前，拉美西斯二世是唯一為考古學者以外的公眾所熟悉的埃及國王。

✣ 譯注：奧斯特里茲，捷克語稱為斯拉夫克福（Slavkov），在今捷克境內。

要從別人那兒取得大部分的證據。在這方面，研究現代的學者實在不比研究過去的歷史學者富有到哪裡去。

然而，我們還要問，對過去，甚至是非常久遠的觀察，果真一直都是「間接的」的嗎？

學者與其知識對象之間的遙遠距離為何帶給許多歷史理論家如此強烈的印象，其原因並不難了解。因為他們以事件，甚至是插曲的角度來看待歷史——一種精確重建少數人物之言行或態度的歷史；不管是對或錯地（這點在此刻無關緊要）被賦予極高的重要性。這些人物創造出一個相對的短暫場景，在那裡——就像在古典的悲劇裡——關鍵性的所有力量都匯集起來：革命之日、開戰之日，或是外交會面的當天。與 1792 年 9 月 2 日有關的事是，朗巴勒（de Lamballe）王妃的頭顱被掛在槍矛上而由皇家的窗口遊行而過。這是真的，還是虛構的？卡隆（M. Pierre Caron）曾寫過一本關於「九月屠殺」的翔實佳作，對此卻不敢置一詞。如果他本人能從大廟堂（the Temple）的塔上親自觀看這恐怖的行列的話，他自然會心中有數。當然，至少我們得假定，在那種情況下，他會保持我們所相信學者該具備的冷靜。並且，由於了解人的記憶力有限，相信他也不該忘掉當場把所目擊的用筆記錄下來。在這樣的例子裡，

歷史學者的地位，跟一個事件可靠的目擊者的地位比較起來，無疑要感到遺憾。他就像是在一列隊伍的後頭，而新聞由前往後傳過來，那可不是個收集正確消息的好地點。才不久之前，在一次夜晚的救援行軍中，我看到字句以如下的方式傳過整個隊伍：「注意！左方有彈坑！」最後一個人聽到的是：「往左！」他往那個方向邁步，遂掉了進去。

然而，還有其他的偶發事件。考古學家今天已經發現了那些裝滿小孩骨頭的大量陶甕——密封在某些建於紀元前數千年前的敘利亞城堡的城牆裡——的真相。既然我們無法持之有故地推定這些骨頭是意外地散落在那裡，根據所有的證據來看，我們面對的是人祭的遺跡——行於城牆初建之時而多少與之有關的儀式。至於這些儀式所代表的信仰，我們必須參考同時代的證據，如果一無所存，就得藉助於其他證據來類推。因為，除了透過別人的敘述外，我們如何了解一項我們並不共享的信仰呢？只要是與我們有隔閡的意識現象，情況都是如此——且一再重複。另一方面，單就獻祭此一事實而言，我們的處境就非常不同了。當然，比起地質學家在發現鸚鵡螺的化石時即可掌握其生態，或比起物理學家在研究分子中止狀態下（如在布朗運動〔Brownian movement〕*）的作用時可看到其實際的運動，我們對事實的掌握（正確地說）並不更為直接。但是，利

用消去其他所有可能解釋的簡單推理方式，我們可以從被證實的對象過渡到以之為證據的事實，這種根本的詮釋方式——的確是接近那些本能的心靈反應，缺乏此，則沒有一種感覺能成為認知——絕不需要另一觀察者介入對象與我們之間。就「間接的知識」而言，方法論者一般的理解是：那種只有透過其他人的思惟才能傳達到歷史學者心靈的知識。這個片語或許不是出於審慎的選擇，它僅限於指出有媒介體的存在，而沒說清楚為什麼媒介體必然應該是人。不過，且讓我們接受這個一般用法，不再囉嗦。就此意義而言，我們對那些密封在古敘利亞的祭品的知識，的確不是間接的。

因此，許許多多「過去」的其他遺跡同樣是可以企及的。這種例子並不只限於絕大多數的巨大的非文字證據，也包括很大部分的文字證據。如果史學方法最著名的理論家對考古學的技術不是那麼令人驚訝地、超然地忽視的話，如果他們對文字資料的敘述不是那麼沉迷的話，如果他們對史實不是那麼專注於個別事件的話，那麼，我們就不會那麼毫不猶疑地永遠只採取一種依賴性的研究方法。在迦勒底烏爾（Ur）⁺的皇家墓葬裡，發現了亞馬遜石製的項珠。這種礦石最靠近的產地是在印度的中心地帶，或貝加爾湖區，因而顯然可以導出如下的結論：遠在西元前三千年前，幼發拉底河下游的城市已與某些距

離非常遙遠的地區維持著商業關係。這項推論可能是正確的，也可能是錯誤的。無論如何，不可否認的，這是種最古典的歸納法，奠基在對事實的觀察，與另外一個人的話絕對無關。但是，物質事物絕非唯一可以這樣迅速、直接了解的東西。語言學上的特徵，呈現在文獻、儀式裡的法律觀點，就像《禮記》裡所規定的，或碑文所呈現的，同樣是真實的存在（realities），跟石器時代匠人用刀砍切的燧石一樣實在——這種真實是我們可以藉著智識上嚴格地個人努力加以理解與推敲的真實，而毋須透過任何他人的心靈以為詮釋者。回到剛才的類比，認為歷史學者只能透過他人的眼睛來觀看在他的實驗室裡所進行的事情，是不對的。的確，在實驗結束之前，他從不曾來過。但是，情況有利的話，實驗即留下了某些他能用自己的雙眼觀察的殘留物。

因此，以較清楚而更具包容性的角度來定義歷史觀察的無可爭議的諸種特性，該是明智的。

＊　譯注：布朗運動，英國植物學者布朗（Robert Brown）於 1827 年發現：凡微粒浮游於液體中，常呈上下往來之不絕運動，粒子愈細，速度愈大，是謂之布朗運動。由此運動可證明分子之實際存在。

✤　譯注：烏爾，伊拉克境內的考古地點，靠近幼發拉底河。

它的最基本特徵在於此一事實：所有關於過去的人類活動，以及大部分現代的人類活動的知識，正如西彌昂（Francois Simiand）*所適當描述的，是一門人類活動之痕跡的知識。不管那是錮封在敘利亞城堡的骨頭、其形式與用法可以透露出某一習俗的一個字，或是古代或現代某一事件的目擊者所寫的一段敘述，如果這些不能算是個「痕跡」的話，那麼我們所說的資料到底指的是什麼？──痕跡就如記號，是感官可知覺的；是無法接觸的某些現象所遺留下來的。

　　研究的原始對象在本質上是感官所不能企及的，例如原子，其軌道只有在克魯克斯管（Crookes tube）†中才能看到；或者是經過時間的影響，才成為目前這樣，如羊齒，歷經數千年的腐化而在炭塊上留下印痕；或如繪在埃及神廟牆上並附加註解，然而久已廢棄的儀式；這些都無關緊要。在任何一個例子裡，重建的過程都一樣，至於每一門學科則提供了各式各樣的範例。

　　然而，儘管每一領域的許多研究者之能了解某些中心現象、只有藉著如此這般地源自於該現象的其他現象，這絕不意味著他們享有同樣方法上的全然平等。例如物理學家，他們自己或可能使這些「痕跡」出現；然而，他們也可能被迫得小心翼翼對付那毫無辦法掌握的反覆無常的力量。他們的立場視此

而有巨大的差異。人類行動的觀察者的處境又是什麼呢？在此，時序的問題再度出現。

　　所有較複雜的人類行動是無法再製造或有計劃的發動，這點似乎是不言而喻的，無論如何，我們暫且把此問題擱一下。當然，我們已有心理測驗可以測量最基本的知覺以及智能或情緒上最精微的差別。但是這些只能應用到個人身上。它們幾乎完全不適合群眾心理。我們不能──即使能，也不敢──故意地製造一次恐慌，或一個宗教狂熱的運動。然而，如果研究的現象屬於現代或最近的過去，儘管觀察者──在促使這些現象重現，或按照他的喜愛來塑造其發展上──是如何地無能為力，對於它們留下的「痕跡」，他並不同樣地無助。那些現象中的某些部分，他能夠使之「再生」（就字面上的意義而言）。這是目擊者的報告。

　　要使 1805 年 12 月 5 日奧斯特里茲的戰役重現，在當時，一如在今天，是同樣不可能的。然而，假設問題是：某某部隊在此一戰役中做了些什麼？設若停火後數小時，拿破崙自己想

＊　譯注：西彌昂（1873-1935），法國經濟學家及經濟史專家。
✣　譯注：克魯克斯管，一種高度真空管，氣壓極低，約為百分之一公釐，稱為克魯克斯真空，在此真空中，分子作用始自由。

知道這一點，他只須命令一位軍官給他一份報告。如果這份報告——公開的或私下的——不曾寫下，或寫下而又掉了的話，那麼，即使我們重複拿破崙的問題，也是徒然的；這問題極可能永遠無法回答，與許多其他更重要的問題一般。哪一個歷史學者沒做過這樣的白日夢，夢想能夠——像尤里西斯（Ulysses）*一樣——使亡魂重現以詢問問題？然而，這不再是涅庫亞（Nekuia）的奇蹟秀節慶，而我們除了利用前代留下的資料以運思外，別無他策可倒轉時光。

　　[研究]現代的優勢不應當被誇張。讓我們設想，在奧斯特里茲戰役中，剛剛假設的部隊全部的軍官與士兵都陣亡了，或更簡單些，在生還者當中，再也找不到記憶與專注力值得信賴的目擊者。那麼，拿破崙的處境就不見得比我們好到哪兒去。任何曾經參與大戰役——即使是扮演最微不足道的角色——的人，知道得很清楚：僅僅幾個小時過後，要正確地陳述一個主要的戰況，有時都不可能。我們還得加上一句，並不是所有的「痕跡」都同樣適合用來發掘過去以啟發未來。如果海關在 1942 年 11 月忘了登記每日的商品進出口，那麼，到 12 月，我實際上就沒法子估定上個月的對外貿易。總而言之，研究遠古與研究晚近，其間的差別，一如前面所說的，只是程度的差別，並沒有擴展到方法上的基本問題。然而，此一差別仍

是重要的，而考察其後果應該是適切的。

「過去」，依其定義，是任何未來事物改變不了的資料。但是，關於「過去」的知識則是可以進步的，可以不斷地改變以臻於完美的。任何懷疑這點的人，只須想想僅僅一個世紀之內，就在我們目睹之下，這門知識已進步了多少。有關人類的廣袤領域已從陰影裡浮現：埃及與迦勒底已抖落她們的殮衣；湮沒的中亞城市揭露了她們失傳的語言，以及長久滅絕的宗教；另外，最近在印度河畔一個文明已確定地從墓中復活。這還不是全部，至於學者竭盡才智進一步搜索圖書館，或在古蹟展開新挖掘，對增添我們「過去」的圖像而言，既不是唯一的，甚至也不是最有效的方法。新的研究技術已經出現。從語言的研究來尋找風俗資料，以及從工具的研究來尋找技術的資料，我們比起前人要熟練多了。尤其是，我們學到如何在分析社會發展時，作更深入的探測。民間儀式與信仰的研究還剛有個粗略的輪廓。經濟史——不久前，庫爾諾甚至沒想到把它包括在歷史研究的領域裡——則正開始樹立其地位。

＊　譯注：尤里西斯，荷馬史詩《奧德賽》的主角。尤里西斯曾入冥間尋訪預言人，該情節見於《奧德賽》卷十一。在冥間，尤里西斯聆聽一群鬼魂歷述生前事蹟。

這一切都是確定的，提供給我們最廣闊但並非無限的希望。這種真正無限進步的感覺，是像化學──它甚至可以創造自己的研究主題──那樣的學科才能享有的，而我們則無法享受。研究過去的學者從未十分自由過。「過去」是他們的暴君，禁止他們知道任何除非是他有意或無意地想讓他們知道的事物。我們永遠無法建立一份梅羅琳（Merovingian）*時期的價格計量表，因為沒有以十足數字記載這些價格的資料。我們永遠無從進入十一世紀歐洲人的心靈，如同──舉例來說──我們能進入巴斯噶或伏爾泰（Voltaire）那個時代的人的心靈一樣，因為取代［十八世紀的］私人信函或自白的，［在十一世紀］只有少數因襲寫成的差勁傳記。由於這個缺陷，我們的歷史的一整段所呈現出的是一個沒有個人而顯得貧乏的世界。不過，我們不必發太多牢騷。我們這些屬於新生的「人之科學」的可憐專家經常是被嘲笑的對象。但是，在我們完全臣服於一個無可變更的命運的當兒，我們並不比那些屬於較古老而安全的學科的許多同業糟到哪兒去。這是所有需要考察過去現象的研究的共同命運。缺乏文字資料的史前學者，其重建石器時代之祭典的能力，我想比起古生物學者之重建蛇頸龍（其骨骼還保留下來）的內分泌腺，並不較差。說「我不知道。我無法知道。」一向是令人不快的。只有在充滿活力、甚至是拼命的研

　　　　　　　　　　　　　　史家的技藝

究之後，才能如此說。但是，有時，當一切方法皆已使盡，學者最嚴肅的職責便是接受自己的無知，並誠實地承認。

2. 證據

「此處，涂利以（Thurii）的希羅多德（Herodotus）記下他的研究，因為人所做的事情不當隨著時間的消逝而被遺忘，而且希臘人與蠻族所完成的豐功偉業，也不當喪失其光采。」西方世界留給我們——除了一些斷簡殘篇外——最古老的史書，就是如此開場。為了說明起見，讓我們拿它與法老時代埃及人放入墓中的黃泉旅行指南作一比較。那麼，我們就有相對的兩種主要類別的原型——史學家所掌握的無數不同的資料就分成這兩類。第一類證據是有意的；第二類則是無意的。

事實上，當我們閱讀希羅多德、弗魯瓦薩爾（Jean Frois-sart）*、霞飛（Joseph Jacques Césaire Joffre）+ 元帥的回憶錄，或近日登在英國或德國報紙上完全矛盾的關於一艘地中海護航艦

---

* 譯注：梅羅琳王朝（481-751），法蘭克王國最初的王朝。
+ 譯注：弗魯瓦薩爾（1338?-1410?），法國編年史家，也是詩人。他所編的《編年史》（*Chronicles*）在十五世紀相當受歡迎，有多種譯本。
+ 譯注：霞飛（1852-1931），法國將領，一次大戰時曾任法軍總司令（1914-1916），1916年升陸軍元帥。

受襲擊的報導,來收集消息時,我們正分毫不差地做著那些作者期待我們做的事。另一方面,《死者之書》(*The Book of the Dead*)*的套語則註定只由臨危的靈魂所吟誦,而獨由諸神諦聽。湖濱的居住者把垃圾丟到附近的水中,想的只是要保持他的茅屋的清潔;今天,考古學家則從那兒把垃圾撈起來。修道院之所以如此謹慎地將教皇的豁免敕書保存在保險櫃裡,只是為了必要時可以拿來好好對付好干涉的主教。這些小心謹慎的措施,沒有一項有絲毫想要影響當代人或未來史家的念頭;研究中古史的學者在現今(1942)可以翻閱盧卡(Lucca)之斯達瑪(Cedame)家族的商業通信檔案,然而如果他同樣隨意地翻看現代金融家的同類檔案,那麼,這些金融家就會強烈地指責他侵犯個人自由。

目前,敘事的資料(且用個相當花俏而空洞的辭彙)——也就是那些有意讓讀者知道的敘述——仍然繼續提供給學者有用的幫助。它們的優點之一是,它們通常是唯一能夠提供一套時序架構的——無論是多麼地前後矛盾。如果史前史或印度史能夠有一個希羅多德來提供材料,那是這兩個領域的專家所夢寐以求的。雖然如此,無疑的,歷史研究在其發展過程中,已逐漸走向愈來愈信任第二類證據,即信任目擊者本身無意間留下的證據。我們只消拿羅蘭(Charles Rollin)‡,甚或尼布爾

（Barthold Georg Niebuhr）⁺的羅馬史與任何今天所讀有關羅馬的簡略摘要相比。前者從李維（Titus Livy）[*]、蘇托尼斯（Gaius Suetonius Tranquillus）[*]或弗羅路斯（Lucius Annaeus Florus）[*]的觀點刻劃事物的核心。後者則大幅度地從碑銘、紙草文書（papyri）以及錢幣來重建。只有用這個方法，「過去」的全貌才得以重建。這點對所有的史前史，以及幾乎所有的經濟史與社會結構史，都可適用。甚至在目前，我們當中有誰會不希望拿到一些大使館的祕密文件或某些可靠的軍事報告，而寧可擁有 1938 年或 1939 年的全部報紙呢？

並不是這類資料比其他資料不易有誤或造假。有許多偽造的教皇敕書，而且，並非所有的大使館紀錄以及所有的商業書信都說真話。不過，這類的扭曲——如果有的話——至少不是特別設計來欺騙後代的。再者，「過去」在其軌跡上無意留下

---

* 譯注：《死者之書》，古埃及書籍，載有化除災難的咒語。由於古埃及人相信人死後到達冥府的路途充滿各種劫難，該書因而成為墓穴的必備物。不過在放入棺木之前，咒語也可以先由祭司讀過。此一風俗始自西元前十六世紀後半葉。參見蒲慕州譯，〈死者之書〉，《中國時報》人間版，1985.9.17。

✣ 譯注：羅蘭（1661-1741），法國歷史學家。

✚ 譯注：尼布爾（1774-1831），德國政治家、學者。著有《羅馬史》一書。

* 譯注：李維（59 B.C.-A.D. 17），羅馬史家。

* 譯注：蘇托尼斯，生於西元 69 年左右，羅馬傳記學者及歷史家。

* 譯注：弗羅路斯，西元第二世紀的羅馬歷史學家。著有《屋大維時代的羅馬簡史》。

的這些痕跡，除了讓我們可以填補敘述上的缺漏並檢證其真實性有疑者之外，還防止我們的研究陷入一種比無知或錯誤更致命的危險——無藥可救的僵化。的確，沒有這些痕跡的幫助，那麼每次當歷史學者把他的注意力轉向逝去的世代，他都將淪為獵物，無所逃於折磨那些世代之視野的相同的偏見、錯誤的禁令以及短視。例如，研究中古史的學者會只賦與市鎮發展一個無關緊要的地位，託辭是中古時代的作者並沒有與公眾直截地討論這個問題；或者他會忽略宗教的巨大力量，藉口甚佳——因為它在當代的敘事文學所佔的地位遠比貴族間的戰爭來得不重要。簡言之，套句米殊利常用的比喻，歷史將成為過去世代之「編年史」的心靈僵化的學徒，而非這些世代的大膽無懼的探索者。

再者，就算是最想要提供證明的、在資料中清楚說出的，已經不再是我們今天注意的主要對象。通常，當我們可以偷聽那從不打算說出的事情時，我們會更為起勁地豎耳傾聽。在聖西蒙（Louis de Rouvroy Saint-Simon）[*]的作品中，什麼是我們覺得最有用處的？那些通常是虛構的王朝事件的消息，還是《回憶錄》（*Memoirs*）一書所特別揭露出太陽王[+]宮廷裡一個大貴族的心靈狀態？中世紀盛期的傳記，至少有四分之三不能告訴我們有關那些虔誠的人物的具體事物——雖然他們的事蹟正是

史家的技藝

這些傳說所打算要描述的。然而，如果我們詢問它們有關其成書年代時的生活或思想方式（所有這些都是聖徒傳作者一點也不打算透露的），我們將發現它們是無價之寶。儘管我們對「過去」的依賴是無可避免的，我們至少已可解放到某一程度，雖然被詛咒為永遠只能靠過去的「痕跡」來了解過去，我們卻成功的知道了更多過去本身原來不打算告訴我們的事物。正確地說來，這是思想戰勝物質的一項光榮勝利。

　　但是，從這一刻開始，當我們不再柔順地只是純粹而簡單地記下目擊者的話時，從我們決定迫使他們說話——即使違背其意志——的這一刻起，反覆檢證變成比以前更為必要了。事實上，它是妥善進展的歷史研究的首要之務。

　　許多人，甚至某些史學方法的作者，對於我們的工作程序，抱持著一種極端簡化的概念。首先，就如他們急著要告訴你的，資料就在那裡，歷史學者收集、閱讀，並努力評估它們的原始性與真確性。然後，也只有在那時，他才使用這些資

---

* 　譯注：聖西蒙（1675-1755），法國回憶錄作家。生前活躍於路易十四之宮廷，著有《聖西蒙公爵的回憶錄，路易十四時代》（*Memoirs of the Duc de Saint-Simon on the Times of Louis XIV*）一書，書中對宮廷中人有深刻的描述。

✤ 　譯注：Sun King，路易十四的另一稱號，法文原文為 *Le Roi Soleil*。

料。這種觀念只有一個問題：沒有歷史學者以這樣的方式工作，即使是當他陷於某種玄思而幻想自己是這麼做的時候。

　　因為即使是那些看來最清楚而平易的文獻或考古資料，也只有在適當地被詢問時，才開口說話。在佩爾特（Boucher de Perthes）*之前，索姆河（Somme）+的沖積層——就跟我們現在一樣——已有豐富的史前燧石器物。然而，因為沒有人問問題，所以沒有史前史。作為資深的中古史研究者，我想再沒有比一份特許狀登記簿更好讀的東西。那是因為我恰巧知道要問些什麼。另外，羅馬碑銘一類的收藏能告訴我的就少之又少。我多少知道如何閱讀它們，但卻不知道如何去盤問它們。換言之，每項歷史研究都假定在一開始時就該有個詢問的方向。一開始就得有指導的方針。僅僅是被動的觀察——就算這樣做是可能的——對任何學科從來沒有重大的貢獻。

　　當然，我們不能搞錯。反覆檢證也極可能還是純粹直覺式的。雖然如此，這種檢證的精神還是有的。在研究者不知不覺間，他以前的經驗，隱藏在他腦海中的各種確認與懷疑、他的文化傳統，以及所謂常識（換言之，往往是通俗的偏見），支配著他的運思方式。我們並不如我們所相信的那麼容易接受新事物。對一個初學者，最壞的勸告莫過於叫他被動地靜候資料給他靈感。這樣的指導已經讓不知多少個原來充滿雄心壯志的

研究計劃停頓或流產。

　　反覆檢證的方法自然得非常有彈性，因此可以改變方向，或自由地臨機應變，而且還得能從開始運作時就像一塊磁鐵，從資料中吸出發現物來。即使旅程已安排好，探索者也清楚地了解他不會一板一眼地遵循。然而，沒有了這份指南，他就得冒著永遠胡亂閒蕩的危險。

　　歷史資料的多樣性近乎無窮。人所說的或所寫的一切，他所做的一切，他所接觸到的一切，都能夠而且應該教導我們有關他的事。奇怪的是，有多少人由於不熟悉我們的工作，以致低估了歷史資料所可能真正包含的範圍。因為他們對我們這門學科仍維持一個傳統的看法，此一看法可回溯到我們幾乎還不知道如何閱讀甚至是有意的證據的時候。在非難「傳統式歷史」時，瓦萊里（Paul Valéry）[+]曾引電學的「征服地球」作為傳統式歷史忽略各種「顯著現象」的一個例證。——儘管事實上這些顯著現象「在塑造吾人之可見的未來上，比起所有政治

＊　譯注：佩爾特（1788-1868），法國考古學家，也是當代文人。他是最先證明更新世（Pleistocene）時期有人類存在的學者。
✢　譯注：索姆河，在法國北部，西北流入英吉利海峽。
✚　譯注：瓦萊里（1871-1945），法國詩人、雜文家。

事件之總合，更有意義、更加可能」。準此，他值得我們由衷的喝采。不幸的——但事實上就是如此——此一重要的課題仍未受到認真的看待。然而，顯然是為了要替他剛指責過的錯誤開脫，瓦萊里不免又有點矯枉過正。他說，這個現象一定讓歷史學者感到無可奈何，因為沒有特別與之有關的資料存在。這一次，從學者轉到這門學科本身，他抱怨錯對象。誰相信電子公司沒有檔案，沒有消費紀錄，沒有電路網的發展圖呢？事實只是，歷史學者到現在還忘了去質詢這些資料而已。當然，他們該受責備，除非過錯在於檔案的監督者（可能太寶貝他們的貴重寶藏了）。要有點耐心。歷史還沒發展到它該有的樣子。沒有理由讓歷史成為代罪羔羊——就算它可以——來擔起只有差勁的歷史才該負責的原罪。

我們資料的多樣性簡直是不可思議，雖然如此，它導致了一項困難，其嚴重性可列入歷史專業中三、四項特出的弔詭之一。

想像為每個歷史問題找到特別用途的資料，純粹就是幻想。相反的，研究得愈深，愈能從不同資料中凝聚證據的光芒。沒有宗教史家會只滿意於考查一些神學論文集或讚美詩歌。他十分清楚，寺院牆上的繪畫雕刻以及墳墓的布局擺設，所能告訴他關於死亡的信仰與感覺的，至少不輸當時的一千件

手稿。我們對日耳曼民族入侵的了解，來自墓穴與地名的考古工作的，與來自許可狀與編年史的考證一樣多。當我們研究自己的時代時，需要的條件有所改變，但並不就更不嚴格。要了解現代社會，單單一頭栽入國會辯論與內閣文件的閱讀就夠了嗎？難道不需要有能力詮釋財政報告嗎？（對外行人而言，財政報告的難以理解正如同各種的象形文字。）在機器至上的時代裡，難道歷史學者可以忽視機器是如何設計與改善的嗎？

如果幾乎所有重要的人類問題需要我們處理各式各樣的資料，而另一方面，資料的種類又必然橫跨幾個不同的專業技術，那麼，每一部門的學徒階段是漫長的，而完全的熟練則需要更長且無間斷的練習。極少學者敢吹噓具有同樣完備的能力來辨讀中古的特許狀、正確地解釋地名的語源、無誤地指出史前的居爾特人（Celtic）或羅馬高盧人（Gallo-Roman）廢墟的年代，並辨認屬於牧場、田野或荒地的植物。然而，沒有這些能力，我們又如何能描述土地利用的歷史呢？我相信，極少學科需要同時使用如此多的不同工具。不管怎麼說，人類的行為在動物王國裡是最複雜的，因為人類峙立在大自然的頂峰。

歷史學者對本行所有主要的技術至少要略懂一些，這是明智的，且依我看來，也是不可或缺的——就算只是去了解他的工具的力量，以及操作它們的困難。我們要求初學者學習的

「輔助學科」的名單太過簡短。有一半的時間必須透過文字才能進入他所研究的主題的人，居然可以——除了其他的毛病外——不懂語言學的基本成就，這是何等荒謬的不合邏輯！

然而，不管我們怎麼稱頌那些訓練良好的學者所完成的各種成就，他們不可避免地——通常也相當快速地——發現自己的極限。我們沒有別的補救辦法，只有放棄以單獨的個人身負多種技藝，而代之以不同的學者分別運用各種技術——但全都有助於某一專門題材的研究開展。這項方法預設了團隊精神，同時也要求基於共識而對某些主要問題達成初步的定義。我們離這些目標還非常遙遠。雖然如此，它們極有可能會無可置疑地統轄我們這門學科的未來。

3. 證據的傳遞

歷史學者最困難的工作之一是收集那些他認為必要的資料。若無各種指南的幫助，他簡直不能成功：檔案或圖書館的目錄、博物館的索引，以及各種書目。有人對編纂這些書的學者以及所有其他人為了熟悉這些書及其用法所花費的時間，表示出輕蔑的訝異。他們的意見似乎是：到最後居然還是躲不掉這種最糟糕的精力浪費；還好有人肯花時間從事這種苦差事

——這種差事，就算有些隱藏的迷人之處，實際上一定是缺乏羅曼蒂克的魔力。假設我對崇拜聖徒的歷史有充分的興趣，而卻不知道由伯蘭德派（Bollandist）的神父所編的《拉丁聖徒傳總集》（*The Bibliotheca Hagiographica Latina*）*，任何外行人都很難想像：這個智慧訓練上的缺陷無可避免地要耗掉我多少愚蠢而又徒勞的努力。真正糟糕的並不是我們必須把圖書館塞滿數量可觀的這些工具（其細目——按主題而排——是屬於指導用的特殊書籍），而是工具書還不夠，特別是關於最近時期的；工具書的編輯，特別是在法國，只有在偶然情況下才會有一套合理而全面性的計劃；最後，使工具書跟得上時代的工作——由於個人的隨心所欲，或者由於少數出版公司沒腦筋的吝嗇——經常被放棄。莫利尼耶（Émile Molinier）膾炙人口的《法蘭西史料》（*Sources de L'Histoire de France*）的第一冊，自 1901 年問世以來即未曾修訂過。這簡單的事實本身即是一項嚴重的控訴。工具當然無法創造學術，然而，一個擺出尊重學術態度的社會不應當漠視這些學術的工具。完全依賴學術機構來提供

---

*　譯注：法蘭德斯的耶穌會教士伯蘭德（Jean de Bolland, 1596-1665）於 1630 年開始，窮一生之力編纂《聖徒行傳》（*Acta Sanctorum*）。此一工作規模宏偉，伯蘭德未竟之業，由後來者繼續從事，歷數百年而不輟，迄今已完成十二萬冊。此一巨構可望於二十世紀結束前完成。歷代從事這項編纂工作的，通稱為 Bollandists（伯蘭德學者）。《拉丁聖徒傳總集》，係在《聖徒行傳》之外所刊行的書籍之一。

這些工具也不是明智的。因為學術機構甄選人才的辦法——偏重年資以及正統，無法特別地導向企業精神。我們的戰爭學院與參謀總部，不是法國唯一在汽車時代還保留著牛車心態的機構。

這些指南，無論編得多好，無論有多少，對於自己的研究領域毫無概念的工作者而言，幫助極少。儘管初學者有時會如此想，然而無論在哪兒，資料實際上不會——就像接到神祇某種祕密的指令——突然地出現。這個檔案館或那個圖書館最底層是否藏有這些資料，得歸諸人的因素，而這些因素是可以分析的。資料的傳遞所帶來的問題——絕非只對技術專家才重要——與過去的生活有密切的關連，因為在這裡成為問題的正是代與代之間的記憶傳遞。嚴謹的歷史作品中，一般而言，作者只列出他所檢證的檔案資料以及他所使用的書刊文集。這很好，但還有所不足。每一本稱得上歷史著作的書，應該包括一章，或者（如果作者喜歡的話）一些段落，插入文章發展的關鍵地方。這些段落大致可以冠以如下的標題：「我如何知道以下諸事」。我相信，即使是外行人，在檢證這些「告白」時，也將體驗到一種真正的知識上的喜悅。參觀研究調查的過程，看到它的成功與失敗，很少會令人感到無聊。只有看不到過程的現成論文才是冰冷而沉悶的。

有時，想寫他們村落歷史的人會來拜訪我。我通常給他們下列的標準建議（這裡我將略予簡化，以避免不相干的煩瑣細節）：「除了現代，農民社會很少有任何的檔案。而另一方面，封建領主，由於相對的組織優良且專業持久，往往很早就開始保存他們的文件。因此，所有早於 1789 年，特別是最古老的時期，你所能希望使用的主要資料，都是來自領主的。結果是，你必須回答的第一個問題，且幾乎一切都與其相連繫的問題是：在 1789 年，誰是該市鎮的領主？」（事實上，數個領主同時分領該村莊，並非是完全不可能的，但為了簡潔起見，我們且放棄這項假定。）「有三種可能性是可以想見的。領主權可能屬於教會、屬於在大革命時期遷出的俗世中人，或是屬於未遷出的俗世中人。第一種情況毫無疑問地是最佳的。這類紀錄很可能是比較古老且保存得較好。它們一定是在 1790 年，在《神職者公民憲章》（ *The Civil Constitution of the Clergy* ）下，隨著土地一起被沒收的。由於它們隨後被送到某些公共場所，我們可以期望它們今天仍然在那裡，多少原封不動，且可由學者使用。設若是屬於革命期間的亡命者，也頗有希望。因為，在此情況下，紀錄也會被奪取而易手，雖然這些紀錄——由於是一個被痛恨的政權的遺物——遭受任意破壞的外在機會相當令人擔憂。剩下最後一種可能，而這可能是麻煩無窮的。以前

的貴族，如果他們沒離開法國，也沒以其他方式觸犯公眾安全的法律的話，他們的財產一點也不受到干擾。當然，他們喪失了領主權，因為這些權力已普遍被廢除了，但他們仍保有所有的私人財產，以及，連帶地，他們的業務文件。由於從未被國家沒收，我們所尋找的文件，在第三種情況裡，遭遇到所有家族文件的共同命運。即使它們沒有遺失、沒被老鼠啃囓，或是沒有由於任意變賣與繼承而散落在不同所有權的三、四棟房子的閣樓中，你也無法迫使目前的所有者讓你看。」

我引了這個例子，因為在我看來這時常是決定並限制使用資料最典型的情況。詳細的分析一下並不見得完全沒有意義。

我們已見識到革命時期的查抄扮演著神的角色——經常施惠於學者的災難女神。無數的羅馬自治城市（*municipia*）變成平凡的義大利小村莊，考古學家辛苦地從那兒挖出少數一些古代的遺物。然而維蘇威火山的岩漿卻保存了龐貝。

巨大的災難當然不是一直都為歷史而服務。羅馬帝國政府珍貴的文件，以及成堆的文學與史學抄本，在蠻族入侵的混亂中淪落深淵。就在我們眼前，兩次世界大戰已從這塊籠罩著光榮傳統的土地上，剷平了紀念物以及檔案庫。我們再也看不到古伊普爾（Ypres）* 商人的信件了。在這種潰敗中，我目睹了

一支軍隊的命令文件被有意地焚毀掉。

　　雖然如此，社會的持續平和，對史料的保存，並不如想像中那麼有利。革命打開了保險櫃，迫使大臣還來不及燒毀他們的祕密文件之前就得亡命。早期的司法檔案裡，有關破產的紀錄給了我們商業行號的文件，如果這些企業能欣欣向榮的話，那麼這些文件必然會送入製紙漿的機器。由於修道院制度難得的持久性，聖丹尼（St. Denis）的修道院到 1789 年仍然保有一千年前梅羅琳諸王所授與的特許狀。不過，今天我們是在國家檔案館（National Archives）裡看到它們。如果聖丹尼的修士逃過了革命的浩劫，是否他們會允許我們搜尋他們的檔案櫃？恐怕這並不可能，因為「耶穌的行號」不會允許褻瀆者去接近它的典藏。而沒有了這些典藏，現代史的許多問題依然是無望解決的；法蘭西銀行（Bank of France）也不會邀請第一帝國的專家去查閱它的紀錄──即使是最陳舊的。祕密社會的精神的確是任何公司行號所有的。就在這裡，研究現代的歷史學者發現他自己顯然處於不利的情況：他幾乎完全被剝奪了享受這種非出於本意而洩露的祕密的權利。的確，他可以有朋友們耳語傳

---

*　譯注：伊普爾，今比利時西北小鎮。中世紀時係西法蘭德斯首府，以羊毛及麻織業為著。一次大戰時，數次慘烈戰役在該地發生，終致全城盡毀。

來的漏網消息以為補償。不過,這些消息,啊哈!是不太容易與流言蜚語相區分的。一個好的政治社會大變動對我們的研究更適合些。

至少在社會開始以控制其紀錄的方式,來達成理性的自我了解,而不是倚靠災難來獲得資料以前,情況就是這樣。要達成此一理想,必須與造成大意與無知的兩項因素奮戰:遺失資料的疏忽;以及——甚至更嚴重的——導致嚴匿或湮滅資料的熱愛祕密(外交祕密、商業祕密、家族祕密)的情感。禁止書記洩露其客戶的資料,這是當然的。但是准許他把曾祖父的客戶契約罩在同樣不可透視的神祕氣氛裡的法律,真正是大洪水以前的東西,而在另一方面,卻沒有什麼辦法可以真正阻止他讓客戶的文件化為塵埃。導致大多數重要企業拒絕公開其統計資料的動機,極少是高尚的;而那些統計對國家經濟健全的管理是絕對不可或缺的。當隱匿——已被提升為行動的準則而幾乎成為一種布爾喬亞的美德——轉變成對消息的渴望時(必然是想交換消息的渴望),我們的文明將往前邁進一大步。

不過,且讓我們回到村莊的問題。在這個特別的例子裡,決定證據之存在與否以及取得之難易的情況,源自一般性的歷史力量,這些情況並非有不可完全理解的特色,但它們與研究

的對象之間的一切邏輯關聯則被剝奪，即使此一研究的結果被發現是依靠它們而獲得的。例如，為什麼研究中古時代一個小農莊的資料，會因為該農莊數百年後的一個領主是否想到要加入集結於科布倫茲（Coblenz）*的軍隊此一因素，而有多寡的分別，其間的原因不是馬上就可弄清楚的。沒有再比這個弔詭更普遍的了。如果我們對羅馬時代的埃及，比對同時期的高盧，知道得多很多，那不是因為我們對埃及人比對高盧人更有興趣；而是，乾燥、沙壤，以及製作木乃伊的儀式為埃及保存了文字材料；這些資料，由於西歐的氣候與習俗，註定是要迅速毀滅的。導致搜集資料成敗與否的因素，通常與造成這些資料重要與否的因素沒有相關連之處：這種不可避免的非理性因素給我們的研究添上了內在悲劇的色彩，於此——或許——許多心靈創作不僅可發現其極限，也可揭示其失敗的隱祕理由之一。

就像上面所引的例子，一旦決定性的因素確定，一村接一村，其資料的命運幾乎即可預測。然而情況並非一直如此。有時，其結果得看許許多多個別獨立的因果線索的最後組合，而

---

* 譯注：科布倫茲，現為西德城市，萊茵河西岸河港。在法國大革命期間，是保皇派教士與貴族主要的避難地點之一，也是對抗革命政府的軍隊集結地之一。

線索則多到使得一切的預測都不可能。據我所知，四次連續的大火，以及最後的一次掠奪，破壞了聖本娃蘇洛（St. Benoît-sur-Loire）老修道院的檔案。就此而言，我怎能事先猜測這些劫難選擇放過什麼樣的文件呢？所謂「抄本之遷徙」的故事本身就是極為有趣的研究主題。文學作品透過圖書館、複寫，以及圖書館員與謄寫者的小心或疏忽而造成的演進，完全對應於真實生活中文化主流的盛衰榮枯以及其間的相互作用。但是，即使是最博學多聞的學者，在塔西圖斯（Tacitus）的《日耳曼人》（*Germania*）* 唯一的抄本發現之前，能預測到它會在十六世紀出現於赫茨菲爾德（Herzfeld）的修道院，乾縐的束諸高閣嗎？簡而言之，幾乎在每一項搜集資料工作的根本上，存在著想像不到，因而也是意外的餘數。我熟知的一位同事，曾經告訴我這個故事：在敦克爾克（Dunkerque）‡ 彈痕纍纍的海灘上，當他正等待著未必到來的救援行動而並不顯得太煩躁時，他的一位同志驚訝的向他說：「真不得了！你甚至不在乎這可怕的不可知！」我的朋友或許可以回答，不管流行的偏見如何，從事研究的精神與認命的態度，並不就那麼不可共鳴。

我們剛問過：在關於過去的知識與關於現代的知識之間，是否存在著一項技術的反命題？答案已經提出。當然，現代的探索者，與那些探索古代者，各自有他們獨特的運用工具之

法。尤有進者，就其獨特的個案而言，兩者都有他們佔便宜處。前者對生活有較實在的了解；而後者在研究時所用的方法經常是前者無法用的。因此，生物學者解剖屍體揭露了許多研究活體者所無法揭露的祕密，但是對許多只在活體才顯露的祕密，它則啞口無言。不過，無論學者面對人類的哪個時代，觀察的方法仍然幾乎一致地依賴「痕跡」，因此——基本上是一樣的。就此而言，正如我們就要談到的，觀察所依循的考證法則——如果觀察要有收穫的話——基本上也是一樣的。

＊　譯注：《日耳曼人》，塔西圖斯的名著，有關早期日耳曼人的歷史與生活習俗。
✝　譯注：敦克爾克，在法國北部，是法國第四大港。二次世界大戰時，著名的「敦克爾克大撤退」即發生在此地。

3

歷史考證
Historical Criticism

1. 考證方法史大綱

　　就算一個最天真的警察——即使他並不完全利用歷史考證的理論知識——也知道：不當完全採信證人的話。同樣的，從人類開始意識到不要盲目地採信所有的歷史證據，至今已有一段時日了。一個幾乎和人類一樣古老的經驗告訴我們：文獻的日期或來源有出於虛構的；而且，並非所有的記載都是真實；實物證據甚至可以假造。在中古時代，面對大量的贗造文物，

懷疑往往是自然的、防衛性的反射作用。「用墨水，任何人可以寫出任何東西。」十一世紀洛林（Lorraine）地方的一位鄉紳如此嘆道；這句話是針對以文獻證據為武器而跟他打官司的幾位教士而言的。〈君士坦丁的贈獻〉（Donation of Constantine）是件十分特殊的偽造文件*。一位八世紀的羅馬教士假造此一文獻而掛上這第一個基督徒皇帝的大名。不過，這項文獻的真實性在三個世紀之後，在最虔敬的奧圖三世（Otto III）的宇內引起了爭議。偽造的痕跡幾乎可追溯到其起始。

然而，比起常出現在較單純的心靈中的輕信態度，死硬的懷疑論並不是一個更值得尊敬、或更富建設性的知性態度。第一次世界大戰時，我認識了一位優秀的獸醫。根據若干自以為是的理由，他無條件地拒絕任何報紙的報導。可是這位老兄卻照單全收地吞食任何萍水相逢的同伴傾倒在他那饑渴的耳朵中最無聊的戲言。

同樣地，基於一般常識所做的判斷——長久以來這是唯一被採用的判斷方式，而且目前在某些人心中仍頗具吸引力——並不見得多麼行得通。事實上，這種偽常識經常證明只不過是一些非理性的假定與率意概括化的經驗組合罷了。在物理世界裡，這種常識否認對蹠性（antipodes）的存在，而且仍然不接受愛因斯坦的宇宙觀。這種常識把希羅多德故事所說的視為傳

奇：當航海者繞過非洲海岸時，他們看到太陽升起之點，太陽就從他們的左側繞到右側。另一方面，在有關人類活動的事物上，常識最糟糕的地方是：它會把我們從短暫時間中所得到的看法提升至永恆的層次。這是伏爾泰式的批判最主要的缺點，雖然在其他方面，此一批判方式相當銳利。超越每個時代個人之獨特性的，的確有些共通的心靈狀態，但對我們而言，則顯得特殊；因為我們已不再分享這樣的心態。從「常識」看來，奧圖一世（Otto I）不該會簽署文件，贈予教皇土地（此類贈予從不可能兌現）──因為此舉既不符合奧圖大帝以前的行徑，而在其後也不被當成一回事。然而，正因為奧圖一世的這項贈予確乎是真實的，我們不得不相信他的心靈狀態和我們是不同的；更具體地說，在他的時代裡，「言」與「行」之間有令現代人驚訝的差距在。

真正的進步，發端於──正如沃爾內（Constantin François de Chasseboeuf, comte de Volney）* 所說的──當懷疑成當「檢查

---

*　譯注：〈君士坦丁的贈獻〉，記載君士坦丁大帝對教宗西爾維斯特一世（Sylvester I, 314-335）的獻禮，內容涉及教宗權力及轄區。據說君士坦丁此舉乃酬謝教宗治癒其痲瘋病，並引其皈依基督教。這項文件在東西教會及其他教廷紛爭中屢被引用，然其真實性也一直受懷疑。1440 年，瓦拉（Lorenzo Valla）證明出自偽造，引起廣大爭論，持續到十八世紀末。目前，歷史學界大致認定此一文件造於 750 年至 800 年間，至於何處偽造則尚有爭論。

✤　譯注：沃爾內（1757-1820），法國哲學家、歷史學家，對歷史研究的方法論有獨特見解。

者」（examiner）的那一天；或是，換句話說，發端於當分辨「真」、「偽」的客觀法則逐漸形成的時候。閱讀《聖徒傳》（*The Lives of the Saints*）造成耶穌會士帕培布洛克（Daniel Papebroeck）* 對整個中古時代初期的一切遺物極端不信任，認為保存在修道院中的梅羅琳王朝的契約文件都是偽造的。馬比榮（Jean Mabillon）† 回答說：錯了。無疑的，這些文件被潤飾過，某些遭到竄改，某些則全然是贗造的。雖然如此，仍然有些文件是真實的，這也說明了為什麼區分文件的優劣是可能的。1681年，《古文獻學》（*De Re Diplomatica*）出版的這一年，的確是人類精神歷史偉大的一年，因為檔案文件的考證方法就此確立。

再者，無論從哪一角度看來，這的確是考證方法史上決定性的時刻。在此之前，人文主義一直具有突如其來的衝動和直覺。這種人文主義無法再開展了。最具特色的莫過於蒙田（Michel de Montaigne）的《隨筆集》（*Essais*）中的一段文字了。在這段文字中，蒙田為塔西圖斯報導奇蹟的事辯護。他說討論「信仰體系」是神學家與哲學家的職責；至於歷史學家，他們只須根據所獲得的資料予以「敘述」，「因此，他們之撰寫歷史是對史料照單全錄，而不作任何評估」。換句話說，根據某

種自然的、或神聖秩序的觀念作哲學性批判,是完全正當的;至於蒙田,咸認為他並不用為維斯帕松(Vespasian)[+]的奇蹟以及其他許多奇蹟負責的。但是,明顯地,蒙田並不真正了解有何可能對這類證據進行檢證,尤其是歷史的檢證。有關證據之研究的法則是在十七世紀發展出來的,至於其真正高潮——雖然有時斷代有誤——則在其下半葉。

十七世紀下半葉的人已意識到此一進展。在 1680 年到 1690 年之間,抨擊「歷史懷疑論」(Pyrrhonism of History)僅為一時的風尚,乃是常見之事。在論到「歷史懷疑論」這個名辭時,勒瓦瑟(Michel Levassor)寫道:「有這樣的說法:心靈的正直並不在於動不動就信,而是,在相當多的情況下,知道如何去懷疑。」直到那時為止,「考證」(criticism)一詞的涵意差不多就等於品味的判斷,但此時正過渡到一個近乎全新的意義:檢驗事實。一開始時,他們只敢帶著歉意地使用這個詞,因為「那並不完全是正當的用法」。也就是說,這個用語

---

*　譯注:帕培布洛克(1628-1714),《聖徒傳》(*Acta Sanctorum*)編者之一。1648 年入耶穌會。

﹢　譯注:馬比榮(1632-1707),修道院學者,研究古代文物及歷史,古文書學的開拓者,公認為當時最有學問的學者。《古文獻學》(*De Re Diplomatica*)一書成於 1681 年,反駁帕培布洛克的說法,帕培布洛克認為幾乎所有西元 700 年以前的梅羅琳王朝的文件都是偽造的。

+　譯注:維斯帕松(9-79),羅馬皇帝,在位期間西元 69-79 年。

依然帶有技術性的意味。儘管如此,「考證」這個新義逐漸被接受了。然而博絮埃拒絕使用這個詞,當他提到「我們的考證家朋友」時,我們可以感覺到他在聳肩膀。在另一方面,西蒙(Richard Simon)＊則幾乎在他所有的作品標題全用上了這個詞。最小心謹慎的學者並沒有被此詞所誤導。的確,「考證」一詞所昭示的是一項幾乎具有普遍應用性之方法的發現。依迪潘(Ellies du Pin)＊所言,考證是「能夠照亮我們通往古代黝暗迴廊的火炬,使我們能區別何者為真,何者為假」。培爾說得甚至更清楚:「西蒙在他的新著《答辯》(Réponse)一書中,已經樹立了一些考證的法則。這些法則不僅對了解《聖經》有幫助,對於閱讀其他許多作品也甚有益處。」

現在,讓我們比較一下這幾個人的生年:帕培布洛克(儘管他對梅羅琳王朝的契約文件沒搞對,他仍為歷史考證學的奠基者之一)生於 1628 年;馬比榮,1632 年;西蒙(他的作品支配了早期的《聖經》注釋工作),1638 年。在這些學者之外,更正確地,讓我們加上史賓諾莎(Baruch Spinoza),寫過《神學與政治論文集》(Tractatus Theologico-Politicus)一書的史賓諾莎,他也出生在 1632 年;該書是文獻及歷史考證的真正巧構。就其最嚴格的字面意義而言,那是一個輪廓線條十分清楚展現在我們眼前的世代。更精確地說,這一代人大約都誕生在

《方法導論》（*Discours de la Méthode*）一書問世之時。

我們不能稱呼他們為笛卡兒信徒的一代。舉個例子，馬比榮是一個虔敬的修士，天真無邪的正統派教徒。他的最後一部作品是本討論《基督教式的死亡》（*La Mort Chrétienne*）的小冊子。我們懷疑，對當時許多虔信的人所懷疑的新哲學，他是否具有直接的認識。更令人懷疑的是，即使他有機會對新哲學稍具認識的話，他是否會十分同意這種哲學。再者，不管貝爾納（Claude Bernard）[+]的作品（或許名過其實）可提示我們些什麼，笛卡兒的系統性懷疑所希望經由數學證明建立的真理，和那些逐漸趨近歷史考證與實驗科學所界定的真理之間，少有共同之處。然而，對一個孕育了整個時代的哲學而言，它並不必然要毫無差爽地根據既定的成規來行動；另一方面，大多數的心靈也不必然都會處在這種哲學的影響之下，除了某種程度的浸淫，而他們對此多半也只是一知半覺。正如笛卡兒式的「科學」，歷史資料的考證也製造了服膺其信念的**白紙般的心靈**（*tabula rasa*）。同樣地，正如笛卡兒式的科學，只是為了可以獲得新的確定性（new certainties），或是高度的可能性（proba-

---

* 　譯注：西蒙（1638-1712），法國聖經學者，對《聖經》的歷史研究法有開創之功。

✛ 　譯注：迪潘（1657-1719），法國宗教史家。

✚ 　譯注：貝爾納（1813-1878），法國實驗生理學家。

bilities），歷史考證無情地著手打倒古代的擁護者；而它們所追求的確定性，在此之後已得到了適切的證明。換句話說，歷史考證的觀念幾乎是對舊有懷疑觀點的一個大顛倒。直到那時代為止，無論人們認為懷疑的刺激是痛苦的，或是在懷疑中能發現無限的高潔的甜美，他們僅視懷疑為一種純然負面的心態，一種純粹的空虛。從那個時代以後，如果理性地加以運用，懷疑可以變成知識的工具。這樣的觀念在思想史上出現的時刻是十分確定的。

簡而言之，從那個時代開始，考證方法的基本法則確定下來了。這些法則的普遍意義鮮少被忽視，因此，在十八世紀巴黎大學的哲學考試中，最常被提出的論題中有一則具有奇妙的現代意味：「人對史實的見證」（The testimony of men upon historical facts）。當然，這絕不意味著十七世紀下半葉以後的人們就不曾大幅度地改進考證的工具。他們最重要的改進是：使歷史考證普遍化，並擴充其應用範圍。

許久以來，使用（至少是持續地使用）考證技術的人，幾乎只限於少數的學者、《聖經》注釋家與古物鑑定家。想寫偉大歷史作品的作家，很少想到精通這種實驗室式的工作；對他們的品味而言，這是太瑣碎了。他們甚至不屑把這類研究成果

列入考慮。然而，正如洪寶德（Alexander von Humboldt）* 所說，身為化學家而擔心「把手弄溼」，絕非正確。對歷史學者而言，準備過程與執筆寫作截然劃分所導致的危險是雙面的。首先，這種分離嚴重影響到從事歷史解釋的雄心。因為它不但妨礙了歷史解釋工作中，對真相耐心追索的首要任務，而且，由於少掉了只有從文獻奮鬥中才能獲得的不斷更新與持續再生的驚喜，歷史解釋就只能永遠徘徊於因循陳舊的主題之間。另一方面，技術性的考證工作（由於這種分離）所受到的傷害並不更少些。沒有更高層次目標的指引，考證只能在無意義的、亂提一通的問題上打轉。沒有比把廣博的學識花在無謂的努力上的浪費更罪惡的了；也沒有把手段當作目的而引以為傲的驕傲更空虛的了。

在十九世紀，有些人誠摯而英勇地奮鬥，以求克服這些危險。德國學派勒南與古朗士替博學多聞取得知識上的崇高地位。歷史學者被帶回工作檯邊。可是，反對者屈服了嗎？如果以為如此，那就太樂觀了。研究工作還是經常無目的的在徘徊，對應用在何處缺乏合理的抉擇。最重要的是，歷史考證尚未成功地贏得「善良而真實的人」（就其原意）的衷心擁護。

---

* 　譯注：洪寶德（1769-1859），德國科學家。

對任何學科的健全而言，這些人的支持是必要的；對我們自己的學科而言，這尤其是不可少的。如果作為我們研究對象的人不了解我們，我們怎能認為已經完成了一半以上的使命呢？

事實上，我們或許還沒有完全達成使命。我們之間最優秀的史學家有時候也會墮入陰暗的神祕主義；在我們當前的歷史作品中佔優勢的是那些枯燥的教科書——落伍的教學觀念透過這些作品取代了真正的綜合研究；當我們離開自己的研究時，我們似乎以一種奇怪的謹慎態度拒絕向一般大眾透露我們用來認真探索的方法，所有這些毛病——來自一大堆自相矛盾的成見——使得我們的主張所該有的崇高本質大打折扣。這些毛病影響的結果是：無辨別能力的讀者遂信從於假歷史作品的假聰明。這種假歷史作品既不認真，只是粉飾的渣滓及政治偏見，然而這些問題卻有人認為可以用厚顏的自信來補救：因此，莫拉斯、班維爾（Jacques Bainville）*、普勒罕諾夫（Georgi Valentinovich Plekhanov）‡ 等人對古朗士或皮攣應當會懷疑的事物卻加以肯定。目前的歷史研究（或是將來可望出現的歷史研究）與讀者大眾間的確存在著某種誤解。有關註腳的激烈爭論是兩者所從事的荒謬對決中毫不重要的戰場。

對許多學者而言，書頁的下端發散著一種幾近瘋狂的魅

力。當然，如果像他們一樣，把大多數可以列表置於書首的參考書目塞滿這些空隙，那的確是荒謬透頂；更糟糕的是，純粹由於懶惰，他們把那些應該放在正文中的冗長解釋塞到註腳裡——如此一來，這些作品最有用的部分就必須到地窖裡尋去。然而，當某些讀者抱怨一條註腳（昂首闊步於書頁下沿）使他們暈頭轉向時，或是某些出版商聲稱他們的顧客對於版面安排得如此醜陋的書，簡直連看一眼都受不了時（實際上，顧客當然不如出版商所說的那麼敏感），那些唯美主義者只不過是證明了他們自己對知識倫理的最起碼標準毫無認識。因為，且先不管自由想像力的問題，我們並沒有權利作任何無法驗證的論斷；而且當歷史學家儘可能簡短地標示資料的來源（以便他人覆查）時，他只不過是遵循一個普遍性的誠實規則。目前所流行的看法，由於受到教條與迷思（myth）的污染，即便對啟蒙運動不抱敵意，對查證一事也已失去真正的興趣。總有一天，只要我們自己能注意到不要毫無意義地賣弄學問使得讀者失去興趣，而且能成功地說服他們，在評估一門學問的價值時，要就其是否有意使得爭論易於決定一點著眼，理性的力量

---

* 譯注：班維爾（1879-1936），通俗歷史學家，著有《法蘭西歷史》（*Histoire de France*）一書。作品頗受其政治觀點影響。

÷ 譯注：普勒罕諾夫（1857-1918），俄國革命家，俄羅斯社會民主黨創始人。

就可獲得其最具壓倒性的勝利。我們歷史學家那卑微的註腳，我們那過分講究的小小參考書目，雖然目前遭受到許多不了解它們的人的訕笑，卻正是為了這一天的來臨而努力。

✢　✢　✢

早期的學者最常處理的文獻有兩種：一種是作者及年代皆無問題的文獻，另一種則是傳統上被認為屬於某一作者或某一時代的作品，對某某、某某歷史事件有詳盡的敘述。它們說的是真相嗎？那些被認為是摩西寫的書真的是他寫的嗎？那些冠以克洛維（Clovis）*之名的契約文件是真實的嗎？《出埃及記》（*Exodus*）的記載，以及《聖徒傳》的記載，可靠到什麼程度呢？這些都是問題。因為歷史學已愈來愈傾向於使用無意留下的證據，它不再只注重清楚道來的資料。從資料中套出它們從來無意說出的供詞早就是必要的事了。

準此，在第一個例子中證明為有效的考證法則，也同樣適用於第二個例子。在我面前，有一捆中古時代的契約文件。其中有些有年代，有些沒有。無論日期出現在哪兒，都必須加以驗證，因為經驗告訴我們，日期可能是假的，無論哪裡漏了年代，重要的是重建它。不管在哪種情況裡，追索的途徑是一樣

史家的技藝

的。就某一契約文件而言，根據書寫的方式（如果該文件是原件的話）、拉丁文的風格、文件中提及的典章制度以及當時法律條款的一般狀況，我推斷它是與西元一千年左右法國之公證人的慣常行事方式相吻合的。如果這份契據自稱屬於梅羅琳時代，它就是個騙局。如果這份文件未記有日期，大致的日期就可以推定。考古學家也同樣，無論他想從年代與文化來分類史前的工具，或是要設法查出哪些古物是贋造的，基本上他都得依照與上述情況相同的規則來做檢查、比較，並界定手工藝的類型與技術。

歷史學家不是——而且愈來愈不該是——脾氣急躁的主考官（這種醜化了的形象，透過某些一般性的手冊，輕易地留在一些不經心的人的印象中）。事實上，歷史學家並不是老實可欺的。他知道他的證人可能說謊，也可能犯錯。但他的主要興趣是讓證人說話，以便能了解他們。考證方法——就其主要原則未經任何修改的情況而言——已成功地繼續引導史學研究邁向這一更為遠大的目標。這絕非考證方法最不重要的特性。

不過，除非是冥頑不靈，否則我們就不該否認：不真確的資料不僅刺激我們對追求事實的技術進行初步的改善，而且也

---

* 譯注：克洛維（465-511），481 年即法蘭克王位，統一全法，建立梅羅琳王朝。

仍然是研究技術要發展其分析方法的起點。

2. 查驗騙局與錯誤

在所有破壞證據的勾當中，最惡毒的是欺騙。

這種欺騙有兩種形式。首先，是作者與寫作時代的欺騙：也就是法律上所說的「偽造」。並不是所有出版而有瑪麗·安東奈特（Marie Antoinette）* 簽名的信件都是她寫的；其中有些是十九世紀中偽造的。所謂的聖費內（Saïtphernès）王冠，冒充為西元前三世紀希臘時代的賽西亞國（Scythio）的古物賣給羅浮宮，實際上則是 1895 年在敖得薩（Odessa）† 製造的。第二種欺騙方式是扭曲事實。凱撒所寫的《高盧戰記》及《內戰記》等「實錄」（commentaries），其作者雖無可爭議，然而凱撒有意歪曲，或是省略了許多事實†。陳列在聖丹尼（St. Denis）修道院被視為「大膽腓力」（Philip the Bold）的雕像的確是這位國王的冥像（funerary figure），因為是在他死後製作的；但是，種種跡象顯示：雕刻者只不過因循以往的模型加以複製，而冠上他的名字罷了。

這兩種不同的偽造引發完全不同的問題，解決之道也極為不同。

　　　　　　　　　　史 家 的 技 藝

的確，大多數其作者為偽的作品，其內容也是假造的。
《錫安山智者文書》（*The Protocols of the Elders of Zion*）* 除了不是
錫安山智者寫的以外，其內容之背離事實也到了極點。如果一
份以查理曼名義簽署的契約文件，經過考證，發現是在二、三
百年後偽造的，那麼這份文件所記載的查理曼的慷慨行為也同
樣是虛構的。雖然如此，我們卻不能一概而論，因為有些文件
之為偽造，其唯一的目的乃在重述那些佚失的原件的內容。因
此，在某些例外的情況下，偽造的文件所記載的也可能是真實
的。

準此原則，那些來源完全無可置疑的資料也不必然就是真
實的。這點照說是不必再提的。然而，由於有些學者花了許多
的力氣研判一項文獻的真實性，以致於在這之後，他們再也沒
有精力去考證其內容。更甚者，他們特別不願去懷疑那些有充

---

* 　譯注：瑪麗‧安東奈特（1755-1793），法王路易十六之后，大革命時被送上斷頭台。
✣ 　譯注：敖得薩，黑海西北岸的港灣都市，是烏克蘭的重要貿易港口。
✢ 　譯注：凱撒曾留下有關高盧戰役及內戰的紀錄，命名為《實錄》，這些著作文體優美，
　　然而其中頗多誇張迴護處。
* 　譯注：*The Protocols of the Elders of Zion*（《錫安山智者文書》），正確直譯當為 *The Protocols
　　of the Learned Elders of Zion*，出現在十九世紀末關於猶太民族陰謀控制世界的一份文件。
　　此一作品首先在俄國發現，然後逐漸傳布開來，二十世紀初反猶運動者屢屢引用此一
　　文件來攻擊猶太人。一直到二〇年代後學者才發現此一文件的來源乃是揉雜了拿破崙第
　　三時期一位法國律師喬利（Maurice Joly）所寫的小冊子 *Dialogue in Hell between Machiavelli
　　and Montesquieu* (1864)，古德切（Hermann Goedsche）的幻想小說 *Biarritz* (1868) 及其他
　　資料偽造出來的。

分法律程序所擔保的文件，譬如官方的活動，甚或是私人的契約。然而，在這兩種文件中，沒有哪個值得給予太多的信任。1834 年 4 月 21 日，就在法國政府對祕密社團採取迫害行動之前，蒂埃爾（Adolphe Thiers）* 寫信給下萊茵區（Lower Rhine）的地方首長：「你得盡力注意為即將來臨的大調查提供你份內的資料。所有無政府主義者的通訊，在巴黎、里昂與史特拉斯堡發生的事件的緊密關聯。簡言之，有個涵蓋全法國的巨大陰謀存在——所有這些都必須完全整理清楚。」無疑地，這是一份整理十分完好的官方資料！就像那些妥妥當當蓋上印信並標明日期的契約文件，然而，就以我們目前所有的一點點經驗已足以驅除我們對它們的一切幻像。每個人都知道，那些最經由例行公式製作、署名的文件充滿著有意的錯誤。我記得，就在最近我還曾被命令提前在一份報告上簽字——這份報告是要遞交我們一個重要的政府機構的。在這方面，我們的祖先並不比我們更講究。他們在國王詔令的最後寫著：「於某月某日在某某地方發布」。但是，如果對照這位國王的巡行記載，你會不止一次地看到，在這特定的日子，他事實上是在十幾來哩以外呢！無數解放奴隸的法令（沒有一個腦子正常的人會認為它們是假造的）都聲明此舉純粹出自於慈善之心——雖然我們可以在這些文件之旁擺上奴隸為了得到此一解放所付的帳單原件。

　　　　　　　　　　　　史家的技藝

可是，單單確定偽造一事是不夠的。更重要的是進一步發現偽造的動機，但願這有助於我們查出真相。只要我們對偽造的緣由還不十分了解，此一偽造事件就還有某些難以分析的東西在；而我們也只能算查證了一半而已。究其實，偽造本身就是最好的證據之一。證明查理曼大帝頒給亞琛（Aix-la-Chape-lle）教會的有名的特許狀是偽造的，當然是可以避免錯誤了，但只這樣做卻不能獲得知識。然而，如果我們能證明這份偽造文件出自腓特烈一世（Frederick Barbarossa）⁺的支持者，並能證明該文件是設計來實現偉大帝國的夢想的話；我們即開拓了巨大歷史景觀的新視野。因此，在這裡，我們把歷史考證工作看成一門追查詐欺背後之詐欺者的學問。換言之，由於考證工作是以人為追索對象，以此，它即符合了歷史學的基本信條。

　　如果我們想枚舉數不清的各種引致說謊的理由，那就太天真了。但是，那些不自覺地把人類看成過分理性的歷史學者最好記住：所有這些理由事實上都不是理性的。在某些人身上，說謊（雖然一般而言它本身是自我中心主義與被壓抑的慾望的混合物）幾乎是一種如紀德所說的：「善意的行為」。一位德

＊　譯注：蒂埃爾（1797-1877），法國政治家、歷史學家。 1871-1873 年為法國總統，著有《法國革命史》等書。
✢　譯注：腓特烈一世或紅鬍子腓特烈（1121-1190），神聖羅馬帝國皇帝。

國學者花了極大的精力以無懈可擊的希臘文寫了一本東方史，卻假托其作者為烏有的桑克斯尼松（Sanchoniathon）；其實他大可不必花那麼多力氣就可以成為一個享譽的希臘專家。勒諾曼特（Francois Lenormant）[*]的父親是法蘭西科學院的院士，他自己日後也成為這個可敬團體的一員。他從十七歲就開始了他的偽造事業：他用假造的、號稱在聖埃洛伊教堂（La Chapelle Saint-Eloi）一地發現的碑文來欺騙他的父親；那些碑文完全是他自己刻製的。即使在他已年高德劭時，他的最後傑作據說是公開展示一些所謂的古希臘遺物——實際上，那只不過是些他從法國的鄉間收集來的普通的史前遺物。

在人類歷史上有些時代特別喜愛誇張和編造謊言，也有一些人對於說謊別有一番熱情。這就是大約出現在十八世紀末與十九世紀初的前浪漫主義或浪漫主義的世代。在這些世代中，有號稱歐希恩（Ossian）[*]所作的居爾特詩篇；有用查特吞（Thomas Chatterton）[*]所認為的古英文寫成的史詩和民間歌謠；有號稱出自克洛蒂爾德（Clothilde of Surville）[*]手筆的中古詩篇；有維爾瑪凱（Théodore Hersart de La Villemarqué）[*]創作的布雷東（Breton）歌謠——據說是默里梅（Prosper Mérimée）[*]從克羅埃西亞文翻譯過來的；有從克拉沃・德沃（Kravoli-Dovr）的稿件中找出的捷克英雄詩歌，以及其他無法盡述的偽作。在這幾

十年中，就像有一部巨大的欺騙交響樂，從歐洲的這一端響徹到另一端。中古時代，特別是從八世紀到十二世紀，則表現出這種集體傳染病的另一個例子。無疑地，在當時大量偽造的假契約、假法令集與假教皇詔令中，大部分都是為了某些自私的目的而製作的：為教會保住有爭議的財產，支持羅馬教廷的權威，幫助教士對抗主教，主教對抗大主教，教皇對抗俗世的統治者，或是皇帝對抗教皇。它們的共同特徵是：虔誠至極——甚至誠實無欺的人也會毫不遲疑地插手參與偽造。這樣的偽造工作顯然幾乎完全是無悖於公共道德的。至於剽竊他人的作品，在當時普遍被認為是世界上最無辜的行為。編年史家和聖徒傳作者毫不忌諱從早期的作品中盜用整段的文字。雖然中古時代和浪漫主義時代在其他方面是大大地不同，就缺乏「前瞻性」（futuristic）一點而言，再沒有其他的時代可與這兩個時代相比的了。除了祖先的教訓外，中古時代不知道有其他任何東

---

* 譯注：勒諾曼特（1837-1883），法國考古學家、歷史學家。
✢ 譯注：歐希恩，傳說中活躍於第三世紀的戰士，吟遊詩人。1762-1763 年間，一位蘇格蘭文人發表了一些長篇史詩，宣稱是歐希恩原著。雖然不久即被確認為偽作，然而在當時仍廣受海內外人士讚賞。
✝ 譯注：查特吞（1752-1770），英國詩人。
* 譯注：克洛蒂爾德，傳說中的法國女詩人。1803 年，她的詩篇首次公諸於世，旋即被發現全屬偽造。雖然如此，仍有學者相信確有此位女詩人存在。
✳ 譯注：維爾瑪凱（1815-1895），法國哲學家。
* 譯注：默里梅（1803-1870），法國小說家、考古學家及歷史學家。

西可作為信仰及法律的基礎。而浪漫主義則渴望把自己浸潤在原始人以及大眾的生命泉源裡。因此，最受傳統拘束的時代也就是對真正的遺產作最多扭曲的時代。他們似乎是不自覺地被崇拜過去的純粹力量引導去創造過去——一種奇特的、彌補那無可抗拒的創造衝動的方式。

　　1857 年 7 月，一位叫做夏斯萊斯（Michel Chasles）* 的數學家送給法蘭西科學院整套未出版的巴斯噶的信件。這些信件是購自他的固定經紀人，一個傑出的偽造者——弗蘭·呂卡（Vrain-Lucas）。從這些信件看來，這位《地方通訊》（*The Provinciales*）* 的作者〔巴斯噶〕比牛頓更早提出了萬有引力定律。有個出色的英國科學家對此事十分詫異。他問道：我們如何來解釋，為什麼這些信件記錄了一些在巴斯噶死後多年才做出來的天文測量？連牛頓都要到發表了幾篇論文之後才得知這種測量呢！弗蘭·呂卡不是個會被這麼一點瑣事難倒的人。他再次坐回工作桌，由於他的賣命工作，不久之後，夏斯萊斯得以再提出一些新的「原件」。這一次，伽利略是簽上大名的發信人，巴斯噶則是收信人。這謎團是這樣解釋的：這位優秀的天文學家提供他的觀察所得給巴斯噶，巴斯噶則加以計算。雙方的通信一直保持祕密。雖然，在伽利略逝世的時候，巴斯噶只

有十八歲。但這又怎麼樣？只不過讓我們更有理由稱讚巴斯噶早熟的天才罷了。

可是，那位有耐性的反對者又指出另一怪異之處：在一封日期註明為 1641 年的信中，伽利略抱怨說他除非大費眼力，否則無法寫字。那麼，難道我們不知道事實上自從 1637 年年底起他就已完全失明了嗎？不久，善良的夏斯萊斯答覆說：「對不起。我得承認，到現在為止，每個人都相信伽利略失明的事。但是，他們都大大地弄錯了。因為，此刻我正可以為我們的討論加上一份決定性的文件，它可以反駁這個普遍的錯誤。在 1641 年 12 月 2 日，另一位義大利學者告訴巴斯噶：伽利略──他的視力無疑已經衰退了好幾年──才剛剛完全瞎了。」

當然不是所有的偽造者都有弗蘭‧呂卡那麼高的想像力；也不是所有上當的人都像他那些可憐的受騙者那麼容易上當。但是，人生的經驗告訴我們，歷史的經驗也肯定：任何對真理

---

* 譯注：夏斯萊斯（1793-1880），法國數學家，他曾受弗蘭‧呂卡的欺騙，把一些巴斯噶、但丁、莎士比亞等人的信件當成真蹟。

✤ 譯注：十七世紀法國哲學家阿爾努（Antoine Arnauld, 1612-1694），在著作中攻擊耶穌會士，遭到索邦（Sorbonne）學者的圍剿，巴斯噶為助其一臂之力，以匿名方式相繼發表十八封書信，討論神學問題及嘲諷耶穌會士。這些書信託名是一巴黎人士寫給其住在鄉間的友人，故稱為《地方通訊》。

的背悖就像一張網；而且，每一個謊言都幾乎不可避免地拖來其他成串的謊言，它們被召來幫助原先的謊言以造成互相呼應的架勢。這就是為什麼這麼多著名的偽件都成叢地出現。坎特伯里（Canterbury）教區的假教權的例子、奧地利公國的假特權的例子（簽署者包括從凱撒到腓特烈一世等許多偉大的統治者），以及像系譜一樣擴展開來的德雷菲斯事件（Dreyfus af-fair）*的偽造文物（此處我只舉出少數的例子），我們似乎看到一個不斷在增長的壞疽。由於其本質，一個騙局招來另外一個。

最後，還有一種陰險的欺騙形式。取代魯直的、坦率的，以及幾乎可說是誠實的假話的，是一種狡猾的竄改：在真實的文件中作手腳，或者是在一個大致可信的敘述中添加一些想像的細節。一般而言，竄改是基於私利，添加則常常是出於潤飾的目的。由於錯誤的審美觀念而導致對古代或中古的歷史研究的暴行，已常被指出。這種審美觀念在我們的新聞界所扮演的角色可能也同樣重要。我們的新聞記者，即使是最不虛裝門面的，也會有意地表現他的用字遣詞——甚至不惜犧牲真相——以追隨那迄今光輝尚未黯淡的修辭學傳統。而且，我們的編輯人員裡也有比我們想像更多的亞里斯多德與昆體良（Marcus Fa-

史家的技藝

bius Quintilian）[÷]的信徒。

　　某些技術上的問題本身似乎就容易造成這種扭曲。1917
年，當一位名叫波洛（Bolo）的間諜被定罪，據說一份日報在
4月6日報導了他被處死的消息。實情是，雖然原定在那一天
執行死刑，但事實上則拖延了十一天。撰寫這篇報導的記者事
先準備好了他的「模擬稿」，由於相信這件事會在預定的那一
天發生，他不認為有必要去查證。我不知道這件軼聞能值些什
麼。當然，像這樣笨拙的錯誤是個例外。可是，下面所說的絕
不是一個不可能的假設：由於遞送稿件時，時間是個關鍵，為
了方便起見，某些可預見的事件之報導常常是在事先就準備好
了的。我們幾乎可以確定：如果經過實際觀察，應加修正，則
草稿的所有重要部分幾乎都得更動；然而，我們懷疑許多的變
動事實上是花在一些添加的細節上，這種細節被認為是為了使
文章生色所必須，而無人會勞駕去查證的。至少在外行人看
來，情況似乎就是如此。我們渴望能有專業人員提供對這個題

---

*　譯注：德雷菲斯（Alfred Dreyfus, 1859-1935），猶太裔的法國軍官，原任職法國國防部。
　　1894年，他被控將軍事機密洩露給德國，被判無期徒刑。由於證據並不確鑿，許多人
　　（包括其家庭）認為判決不公，並懷疑是反猶太心理作祟，於是努力為他平反。經過一
　　連串的運動及再審，1906年，德雷菲斯被宣告無罪釋放。此一事件對法國的近代政治
　　及社會有極為深遠的影響。
÷　譯注：昆體良（35-95），古羅馬雄辯家，生於西班牙，著有《辯論術講義》。

目的真正闡明。不幸地,新聞界還沒發現它的馬比榮。總而言之,遵從一個多少是已過時的文學規範、信守一套陳腐的心理理論,以及對美麗事物的狂熱,這些無疑都是導致造偽的原因。

如果最具誠意的疏忽易於淪為謊言的話,其中則有等級之分:從假造的、單純簡單的、到完全無意的錯誤。要捏造謊言就得工作,而大多數人又都有不喜歡工作的心理惰性。相形之下,自發性的幻覺——源自目下所關心的事物——就更容易為人們所心安理得地接受。

就拿出名的「紐倫堡飛機」(the airplane of Nuremberg)事件來說吧。雖然該事件的真相從未弄清楚過,情況很可能是:一架法國的民航機在宣戰的前幾天飛過紐倫堡。八成它被當成了軍機。可能就是因為如此,深受即將來臨的戰爭威脅的民眾就傳出到處受到轟炸的謠言。然而,事實上是連一枚炸彈都沒投下;而且德國政府官員也的確有各種平息此一謠言的辦法;為了利用此事以挑起戰爭,他們不經證實地歡迎這個謠言,就此而言,他們顯然是在說謊。但是他們並沒有捏造任何事,甚至(或許)一開始時,也不曾清楚地意識到他們是在說謊。這個荒謬的謠言之所以有人相信,是因為他們認為相信它是有用

的。在各種欺騙中，我們的自欺並不是最少見的；而且，「誠懇」一詞的含意如此廣，除非我們承認其間有許多變化，否則即無法使用。

同樣的，也有許多證人是一本正經地在欺騙自己。對歷史學者而言，他們現在已可利用那些從生活觀察裡得來的珍貴成果；幾十年來，這些觀察已為一門全新的學科提供了工具：證據心理學（the psychology of evidence）。就其與我們的研究有關者而言，這些發現主要似乎就是下面這些。

如果我們可以相信聖威廉（William of St. Thierry）*的話：他的朋友兼門徒聖伯納（St. Bernard of Clairvaux）✝，有一天很驚訝地發現他年輕時每天作日課的教堂，原來是有三扇窗戶開向東廂的禮拜堂，而他一直以為只有一扇窗。聖徒傳的作者對他的這一特性表示驚愕與欽慕。因為，豈不就是這樣一種不為俗世事物所羈的特質，才使得他成為上帝完美的僕人嗎？無可置疑的，聖伯納的確有種異乎尋常的心不在焉──如果同書的另一則記載也可靠的話：不久後，有一次他沿著日內瓦湖岸走

---

* 譯注：聖威廉（1085-1148），僧侶、神學家及神祕主義者，擔任過 St. Thierry 修院主持。
✝ 譯注：聖伯納（1090-1153），僧侶、神祕主義者，創立 Clairvaux 修道院，為當時極具影響力的修院。

了一整天，卻不知道有湖的存在。雖然如此，事實告訴我們：要成為第一流的神祕主義者，並不必然就得搞不清楚那些我們應該是最熟悉的具體事物。在日內瓦的著名實驗中，克拉帕雷德（Édouard Claparède）* 教授就證明他的學生無法正確地描述他們大學門口的大廳，就跟那位博學的修士一樣。實際上，大多數的人類心靈，對周遭的環境只不過是個二流的相機。此外，嚴格說來，所謂「證據」也不過只是記憶的重現，感官所犯的錯誤經常會與記憶錯誤糾纏不清；而記憶在老早以前就被一位老法學家貶斥為鬆散的、「靠不住的」（slippery）。

對某些心靈而言，「不正確」本身即具有一種真正病態的魅力——不曉得稱之為「拉馬丁症」（Lamartine's disease）‡ 是否太過分了些？無論如何，我們都知道此一症狀的患者並非就是最不願意做肯定陳述的人。不過，如果證人不太可靠，而他的陳述又很肯定，那麼經驗告訴我們：並非所有證人的陳述，對一切的問題，以及在各種情況底下，都同時可靠。就絕對的意義而言，沒有證人是可靠的，只有可靠程度不一的證詞。下述兩種主要的情況會影響即使是最敏感的人的知覺正確度。第一種情況在於觀察者當時的狀況——舉例而言，如疲勞或情緒的變化。第二種情況在於注意的程度。除了極少數的例外，我們看到並真正了解的，只是那些我們特別集中心力的。如果一位

史家的技藝

醫師來探望病人，我願意相信他對病患外貌的描述，因為他曾細心檢查過此一患者，而不太相信他對病房傢俱的描述。對於傢俱，他可能只是匆匆瞥一眼。這是為什麼，跟一般成見相反的，最熟悉的物體——在聖伯納的故事裡，就是熙篤（Cite-aux）的教堂——通常反而正是最難得到正確描述的；因為熟悉本身幾乎不可避免地會導致漠不關心。

然而，許多歷史事件只能在情緒激烈混亂的時刻中被觀察，而目睹者的注意力，要不就是太遲才注意到意外事件的發生，要不就是準備隨時採取行動，以致無法充分集中在那些今天的歷史學家照理說最感興趣的情節上。某些例子是眾所周知的：1848年2月25日引發外交部前暴動——最後轉為革命——的第一槍是從哪兒發射的？來自軍隊，或是群眾？我們大概是永遠無法知道了。那麼，我們怎能把編年史作者那洋洋大觀的敘述——包括對戰場上的服飾、行動、儀式，以及餐飲的詳細描繪——當真呢？當我們環顧四周，發現沒有人能正確記住事物全部的細節（亦即古代作者天真地追尋的細節），那

---

* 　譯注：克拉帕雷德（1873-1940），瑞士心理學家。

✧ 　譯注：拉馬丁（Elphonse Marie Louis de Lamartine, 1790-1869），法國詩人及政治家，以〈默想〉（Les méditations）一詩成名，晚年發表許多關於年輕時代的回憶，內容極為理想化，也極不可靠。

麼，到底是怎麼樣的一種頑固的思想習慣，使得我們想保留最後一絲的幻想，相信那些浪漫史學家所嗜愛描寫的這一類事物可能是正確的呢？這些如詩似畫的描寫所能給我們的事件背景，頂多也不過是作者同時代人所想像的。這倒是挺能提供一些訊息的，只不過並非那些愛好生動描述的人通常渴望從他們的資料中得到的那一些。

然而，上述的這些批評對史學研究的本質而言，到底意味著什麼？了解這一點是應當的，或許，這些批評只是表面上看來悲觀而已。究竟，它們並不影響「過去」的基本結構。培爾的話永遠是正確的。他說：「凱撒擊敗龐培的這項歷史事實是不可能被翻案的。無論我們怎麼去爭辯此事，幾乎再沒有什麼可比下述命題更不可動搖的了：凱撒與龐培確實存在過。他們不只是活在他們的傳記作者心中。」只是，如果除了少數這類引不起我們興趣作解釋的事實外，再無其他可靠的事實存在的話，歷史學可就要淪為一系列簡單的記號，而沒有太多知識上的價值了。幸好，情況並非如此。只有事件發生前一剎那的原因通常才會被證據心理學認為是不確定的。一個大事件可以比成一次爆炸。只有分子撞擊才能造成氣體膨脹，然而到底是在怎樣的情況下，發生了最後的分子撞擊？我不得不時常承認自己的無知。這無疑是很令人遺憾的，但化學家又如何？他們的

情況並不就永遠好一些。雖然如此，爆炸物的組成絕對還是可以分析的。由於某種奇異的誤導，一些歷史學者想把 1848 年的革命當成偶發事件的基本型，而不管事實上此一革命是清楚地被許許多多極端不同而強有力的因素所決定的；這些因素早已在為革命的來臨鋪路。事實上托克維爾（Alexis de Tocqueville）那樣的人也已從這些因素預知革命的來臨，至於在嘉布遣大道（Boulevard de Capucines）上的連綿槍聲，只不過是最後的小火花罷了。

再者，我們當知道：事件的立即起因太容易逃過我們的證人的觀察——也因此逃過了我們的觀察。它們代表了歷史不可預見的、「偶發的」（accidental）特殊部分。如果因為證據的薄弱而使得我們最巧妙的工具都無法找出這類立即的起因，我們還是可以容易地安慰自己：即使我們對這類原因了解得更多，它們與事件演變之巨大因果鎖鍊的關係，正就是我們學科的誤差餘數——永遠不可能消除，甚至連要求消除的權利都沒有。至於隱藏在人類命運之後的原因、心靈或情緒環境的波動、技術的改變，以及社會與經濟結構的轉變，在這方面，我們的證人就沒那麼容易受制於瞬息變化的知覺。令人愉快的巧合是，許久以前伏爾泰即看出：在歷史上影響最深遠的，大概也都是最確定的。

❖　❖　❖

　　在各個社會之間，觀察的能力也與個人之間一樣變化多端，有些時代的觀察力在某一方面會顯得比其他方面弱些。例如，不管今天大多數的人對數目理解的能力有多麼薄弱，也不可能普遍到像中世紀的編年史作者那樣。我們的知覺，正如我們的文化，是浸淫在數學中的。如果證詞的錯誤純粹來自感官或注意力的失誤，那麼歷史學者只有將這個問題交給心理學家。但是，在習見的心靈疏忽之外，有許多錯誤是來自特定的社會環境。這樣的錯誤本身卻常有資料性的價值。

　　1917 年 9 月，我所屬的步兵聯隊據守在叫做 Braisne 小鎮以北「貴婦小徑」（Le Chemin des Dames）的戰壕。在一次突擊行動中，我們俘擄了一名囚犯，是個後備軍人，也是經營大盤生意的商人，來自威惹河（Weser）*邊的 Bremen 鎮。過了不久，一個奇妙的說法從隊伍後方傳來。我們消息最靈通的戰友當真說那是「德國的間諜活動！」「真不可思議！在法國的心臟地帶，我們居然發現他們的前哨站。真令人驚訝！一個商人在和平時期就坐鎮在 Braisne。」[1] 我們應該小心別把這個故事解釋得太過簡單。完全怪罪聽力的錯誤，是不正確的。這個錯誤不只在聽力，也在理解力。因為該地名 Bremen 一般而言，並不

為人所熟知，因此沒有引起注意。藉著自然的心靈聯想，另一個熟悉的地名 Braisne 取而代之。然後，第二項（同樣是無意識的）解釋再加上去。「狡詐的德國人」，此一觀念（經常並非事實）透過無數的軼聞──這倒是大大滿足了一般群眾的浪漫情緒──已極為普遍。以 Braisne 取代 Bremen 恰好跟這種心理偏執（obsession）配合得天衣無縫，於是就不得不自然地傳布開來。

以上是各式各樣扭曲證據的情況。誤解的性質幾乎是永遠在一開始就已決定了的。更詳細地說，除非誤解是與大眾的偏見相配合，否則即無法傳布，不會有生命。誤解因此是一面鏡子，透過它，集體意識（the collective consciousness）映出了自己的影子。在許多比利時人的屋子前面，有狹小的孔穴，是用來給泥水匠搭台架的；1914 年，德國的士兵把這些泥水匠無辜的設計想像成無數的狙擊孔──要不是他們的想像力長久以來已被游擊隊的恐懼所控制，他們就不會那麼想。天上雲彩的形狀從中古以來並沒啥改變，但我們不再從雲中看到神奇的劍，或象徵奇蹟的十字架。偉大的帕雷（Ambroise Paré）✛所看

1　Bremen 在法文唸成 Brême，唸得快時就像 Braisne。
＊　譯注：威惹河，德國西部河流，流入北海。
✛　譯注：帕雷（1510-1590），文藝復興時期最著名的外科醫生，為現代外科醫學之父。

到的彗星尾巴，跟那些偶爾掃過我們天空的，可能並沒多大不同。但是，他以為他看到了一套奇異的盔甲。普遍存在於當時的偏見欺騙了他視力的正常準確性；他的證詞，正如其他許多人，告訴我們的不是他真正看到的，而是他的時代想當然看到的。

然而，要使個別證人的錯誤，成為許多人的錯誤，要使一項不正確的觀察轉變成謠言，必須得有適於傳布的社會條件。當然，並非所有類型的社會都有同樣的運氣。我們時代的集體生活裡，就有過極端的混亂，在這方面有許多值得注意的經驗。目前的現象太靠近我們，因而還無法正確的分析。1914年到1918年的戰爭倒是可以提供我們一個比較好的視野。

每個人都知道這四年證明了可以製造出多少錯誤的消息，尤其是在前方軍隊中。研究它們如何從非常特殊的戰壕社會中產生，倒是很有意思的。

宣傳與檢查所扮演的角色相當重要，但其效果恰好與推動這些宣傳與檢查的人所期望的背道而馳。正如一位證人十分簡捷說出的：「在戰壕裡流行的看法是：任何事情都可能是真的，除了白紙黑字印出的。」這位仁兄一點都不信任報紙，也同樣不信任信件。因為信件除了脫期外，還被認為是嚴密檢查

過的。就從這裡，神話與傳奇之母的口述傳統（oral tradition）有了驚人的復甦。以蠻橫的一擊掃除了過去世代的成就，超乎了最大膽的實驗者所敢妄想的，政府使得前線的士兵退化到古代的心靈狀態，並採用古代傳布消息的方法──無視於眼前的雜誌、新聞紙與圖書。

謠言通常並不源自戰線上。因為在那兒的小撮軍隊，彼此之間太隔絕了。士兵除了在命令之下，不能到處移動；再說，如果他這麼做，最經常發生的是，他得冒生命危險。偶爾，來往的過客幫助謠言的傳布；他們是聯絡官、砲戰觀察員，以及修理線路的電話通訊兵。這些身分特殊的人員與一般士兵少有接觸，然而，卻另有更重要的一些例行接觸，而且是為了要維生所無法避免的。野戰廚房就是掩蔽壕與觀察站這小小世界的集會所。在那裡，一天有一兩次，來自該戰區的各個單位的信差聚集一起、再度會面、彼此互相閒聊，或是與廚師閒聊。廚師知道許許多多的事情，因為廚房的地點位於各個單位的交叉道上，他們因而享有額外的、罕見的機會，每天得以與軍團服務隊的司機、或駐在參謀總部附近的幸運傢伙交換個隻言片語。因此，在某個時刻，在戶外的火堆旁、或在野戰廚房的爐架邊，不同的團體之間有了短暫的接觸。之後，疲乏的各方人員，沿著路徑及交通壕離去；他們帶到最前方的，與營地水壺

一起的是：或真或假的一大堆情報，這些情報在各種情況下幾乎都已被扭曲了，在那裡又等著進一步加工呢！在戰略地圖上，在那些標示前線陣地的交錯線的稍後方，我們可以塗出一段連續的長條陰影——這就是製造迷思的地帶（the myth-making zone）。

在歷史上，不少社會大致上即由類似的情況所主宰，不同的僅在於：它們在這些社會裡代表著生活的正常網絡，而不是一種完全特殊的危機所造成的瞬間影響。在這些社會裡，同樣的，口信幾乎是唯一有效的傳達方式。在相隔甚遠的人群之間的聯絡，同樣地，也幾無例外地由特別的中介人所完成，或是在明確的交會點完成。小販、變戲法者、朝聖者以及乞丐，取代了穿梭在交通壕裡的小傢伙。例行的聚會發生在市場或宗教節日的場合，就像（例如）中古盛世時的情況。根據盤問過路人所獲得的消息，修道院的編年史作者所記下的像極了伙伕班長所可能記下的筆記——如果他們想到要做的話。那樣的社會一向是傳布錯誤消息的絕佳文化媒體。人與人之間頻繁的接觸使得不同說法的比較變得容易，也激發了考證的意識。然而，另一方面，我們也還是相信那些偶爾來訪的說故事者，他們長途跋涉，帶給我們遠方的謠言。

3. 考證方法的邏輯

證詞的檢證，由於處理的是心理的真實（psychic realities），永遠都是一項巧妙的藝術，沒有任何祕訣可循。不過，它也是一項理性的藝術，端視乎我們對某些基本的心靈程式（mental processes）運用是否得法。換言之，它有它自己的辯證過程，這是我們得設法界定的。

先讓我們假設：有一個已消失的文明只留下了一件物品；而且，從發現這物品時的情況推斷，它不可能屬於非人類的，如地層的沉澱（因為無生命的自然狀況也可能在這種研究裡佔一席之地）。那麼，我們將完全不可能確定這件獨特物品的日期，即使想確定其真實性都不可能。事實上，我們永遠無法推定它的日期，也永遠無法鑑定其真假；簡言之，我們永遠無法詮釋一項資料，除非把它插入編年的時序，或同時代大事表裡。藉著排比梅羅琳王朝的契約文書——彼此之間相比較，也與不同性質、不同時代的其他契約原文相比較，馬比榮奠立了外交學的基礎。而校勘福音的故事則促成了《聖經》注釋學。幾乎在所有的考證工作背後，都有比較的問題。

但是，比較的結果並非自動產生的。其結果必然是顯示出

異及同。一項證詞與其他證詞雖不相牴牾，然而由於情境不同，其結論可以相反。

首先，我們必須考慮敘述的初步問題。馬伯特（Marcellin Marbot）在曾經令許多年輕人激動的《馬伯特將軍的回憶錄》（ *The Memoirs of General Baron De Marbot* ）一書中，以極為繁複的細節敘述一件他自己的英雄事蹟，據他所言：在 1809 年 5 月 7 日的晚間，他橫越怒濤洶湧的多瑙河（當時河水正泛濫），為了解救被奧地利人囚在對岸的俘虜。我們要如何來檢證這件事的真實性呢？首先必須收集其他關於此一救難行動的證據。我們保有敵對雙方軍隊的命令、行軍紀錄，以及報告。它們證實：在那個有名的夜晚，馬伯特所宣稱位於左岸的奧地利軍隊，仍在右岸。就別的情況而言，拿破崙自己的《通訊集》（ *Correspondence* ）則明白指出：在 5 月 8 日，河水還沒開始上漲。最後，我們發現一份馬伯特在 1809 年 6 月 30 日親擬的升遷申請書。在他所列出的功績當中，對他理當會加以利用的上個月的英勇事蹟，並無一語涉及。因此，一方面我們有《馬伯特將軍的回憶錄》一書的記載；而在另一方面，則有一大堆與之不相符合的資料。現在，我們必須在這些相互衝突的證人中作一選擇。哪項選擇將被認為最有可能呢？是參謀總部與皇帝本身都同時弄錯了（除非他們有意造假——只有上帝才曉得為

了什麼），加上在當時拼命想升遷的馬伯特也因虛矯的謙遜而漏記一筆呢？還是，在許久之後，這位在別的方面以好吹牛而惡名昭彰的老戰士，又贏了一回牛皮呢？當然，沒有人會有任何猶豫。《馬伯特將軍的回憶錄》一書又撒了一次謊。

準此，不相一致的敘述否定了相衝突的證詞之一。它們其中之一必須讓步。最普遍的邏輯公理要求如此的結果。衝突的原則（the principle of contradiction）無情地否認一樁事件可以存在而同時又不存在。在這世界上，有些學者為了在敵對的證詞中尋得一中庸的立足點而磨盡了他們的好脾氣。他們就像個小孩子，當被問到二的平方是什麼時，鄰坐之一正喃喃自語著「四」，另一人則說是「八」，他認為答「六」準對。

因此，到底哪個證據該摒斥，哪個該保留，仍有待我們來決定。而取決則根據一項心理學的分析：作為真實、詐欺，或錯誤的背後所當有的各種理由，都得拿來一一檢證所有的證人。在這個特定的例子，這種判斷可能近乎絕對地確定無疑。在這樣的情況底下，它將準確無誤地顯示一遠為巨大的不確定係數（coefficient of uncertainty）。從巧妙的栽贓動機而獲得的結論等級不同：從高度的可能到勉強可信的程度。

然而，還有另外一些例子。

一件宣稱為十二世紀的契約文件是寫在紙上，而迄今所保有的那個時代的所有原件則是寫在羊皮上的；該契約文件的字母形狀看起來非常不同於我們在該時代所看到的；而其所用文字的繁複花巧也完全迥異於其他文件。或者（例如），一件照理應是舊石器時代的工具，它的刃口卻洩漏了製作過程：根據我們所知，這種製作方式只在較晚近時才採用。我們因此可以斷定：這份契約文件以及此一工具都是偽造的。一如前述，這種互相矛盾的情況是該罵的，但責難的理由，其本質則非常不同。

這一次，論證的方式是：在同一社會的同一世代裡，習俗與技術普遍存在著相似性，此一相似性強到沒有人能輕易地脫離一般的慣習。我們一向認為，任何路易七世時代的法國人，在書寫向下撇的筆畫時，他的寫法與其同時代人非常相似[2]，他用相當一致的辭彙來表達己見；同時他也運用相同的器物。同樣地，我們認為：如果一位馬格達蘭（Magdalenian）* 部落的工匠發明了一只機械鋸來鋸箭頭，他的同伴也將像他一樣使用該種器具。簡言之，在這個個案裡，基本的假定是來自社會學的規則。

雖然如此，相似性不應該太強，否則即不能支持這個案

例，反而會減弱了它的可信度。

　　每個參與滑鐵盧一役的人都知道拿破崙被擊敗了。任何證人突兀到否認拿破崙的失敗都應被當成說謊者。再者，如果我們限制自己僅做簡單的、率直的敘述，那麼應該不會有太多不同的方式來陳述拿破崙在滑鐵盧被擊敗一事。但是，如果兩個證人以完全相同的語言來描述此一戰役，或是提供完全相同的細節（儘管用字遣詞略有出入），我們應毫不遲疑地斷言：當中的一人抄襲另一人，或是這兩個人都抄襲某一共同的樣本。事實上，我們的理智拒絕承認：兩個觀察者——在戰場必然處於不同的位置，其注意力也不相等——能注意到相同的情節，細節也一一符合；我們也拒絕承認：兩個獨自工作的作者，能巧合到從法語無數的字眼中選擇相同的詞彙，且作同樣的排比，來敘述同樣的事情。如果這兩項記載都宣稱是直接記自實況，那麼，其中之一必定是在說謊。

2　在我年輕時代，聽到一位非常優秀的學者（他是法國國立文獻學院的主事者）頗為自得地告訴我們：「我能夠毫無誤差地推定一件手稿的書法是屬於哪個二十年內的東西。」他只忽略了一件事：許多人以及許多文書抄寫員都活過四十年——如果書法是隨著時代改變，他們則很少學寫新的書法。在 1200 年左右，必然有些超過六十歲的書記仍然以他們在 1150 年左右被教導的方式書寫。事實上，書法史的研究很奇怪地落後於語言史。它正等待著另一個迪埃茲（Friedrich Christian Diez）或是一個梅耶（Antoine Meillet）。
　　〔譯按：迪埃茲（1794-1876），德國語言學者，對拉丁語系的研究有突破性貢獻。梅耶（1866-1936），法國語言學家，在印歐語系比較研究上有劃時代貢獻。〕
＊　譯注：馬格達蘭時期，舊石器時代後期的末葉。

再讓我們考慮刻在兩塊古代紀念碑上的戰役景象吧。它們描述的是不同的戰役，但其細節卻被刻劃得近乎相同。考古學家會說：「除非兩位藝匠都滿足於按照傳統的構圖來雕刻，否則其中之一一定是剽竊。」兩場戰役是否相隔不久，或是敵對的雙方皆來自相同的民族（如埃及人對抗西臺人，或是亞述人對抗以攔〔Elam〕）*，這都不關緊要。我們反對的是，想到人類有如此龐雜的各種姿勢，怎麼可能在不同的時刻發生的兩樣不同的行動會絲毫無差地重複。這兩件雕刻，就其為一軍事紀錄的證據而言，至少其中之一——若非兩者皆然——嚴格說來，是欺人之作。

　　因此，考證工作擺盪於兩個極端之間：可資證明的相似性，與作為反證的相似性。這是因為巧合有其限度，而造成社會之一致性的鎖鍊，整體而言，也是相當脆弱的。換言之，我們認為宇宙與社會具有充分的一致性，因此不可能接受太過顯著的歧異。但是，正如我們所了解的，這種一致性只限於某些非常普通的特性，我們再深入思索，事實包含有近乎無限可能的組合，因此自動的重複是無法想像的——這必然是主動的模仿。所以，總而言之，考證工作倚靠的是一種區分「異」「同」與「眾」「殊」的形上本能。

　　一旦確定是仿造的，我們必須了解其影響的方向。在每個

案例裡，我們必須問這兩項資料是否來自同一源頭。如果我們認為其中之一是原件，那麼，是哪一件？有時，答案是由外部證據來提供（如相關的日期）——如果外部證據能確立的話。要是這些外援都無效，心理學的分析（利用物件或原文內部特徵）再度粉墨登場。

毋庸說，其間是沒有什麼機械性法則可循的。舉例來說，有些學者似乎認為：由於後來的改編者不斷加入新的想像，所以最有所保留、且最純樸的原文總是最古老的。我們有必要定下這樣的法則嗎？有時候，情況確是如此。我們看到一位亞述王所擊敗的敵人數目，在一次一次的抄寫下急遽膨脹。但是，有時，常識也與此看法不合。聖喬治（St. George）的《受難曲》（*Passions*）一書之最荒誕無稽的版本，就其時間而言，卻是最早的；其後，接手此一古老記錄的傳記作者，一項接一項地刪除了那些令他們瞠目咋舌的狂想情節。有許多不同的模仿方式。它們因人而異，而有時則因風行的時間而異。就像所有其他的心態，我們不能因為它們在我們看來是自然的，就認為它們理所當然如此。

幸運的是，剽竊者經常由於自己的疏忽而洩露了底細。當

---

*　譯注：皆為上古時期活躍於中東一帶的民族。

他們不了解所模仿的樣本時，他們的錯誤詮釋揭露了其為冒牌貨。就算努力想遮掩抄襲之處，他們拙劣的策略也幫不了任何忙。我認得一個男學生，他在筆試中猛盯鄰座的答案紙，極為費力地倒抄下句子。他相當機靈地把主詞改成述語，把主動式改為被動式。然而他的努力只提供給教授一個歷史考證的絕佳例子。

　　要揭穿模仿，也就是要把兩個或兩個以上的證人減低到只有一個證人。兩位與馬伯特同時代的人，塞居爾伯爵（Count de Ségur）與佩爾將軍（General Pelet），都曾記下類似馬伯特自己所描述的橫越多瑙河的壯舉。不過塞居爾的記載比佩爾的來得晚。他讀過佩爾的記載，然而除了抄襲外，他的作品別無其他。至於佩爾，他的確比馬伯特寫得早；但他是馬伯特的朋友，他無疑時常聽馬伯特回憶他所虛構的英勇事蹟——因為，在欺騙他的朋友時，這位永不倦怠的吹牛者即有意要使後代的人困惑不已。由於能佐證馬伯特的那兩位仁兄只是重複他的話，馬伯特因此才真正是我們唯一的最後根據。當李維重複波利比斯（Polybius）[*] 的話時，雖然經過潤飾，波利比斯還是我們唯一的最後根據。然而當恩哈德（Einhard）[‡] 抄襲蘇托尼斯[†] 對奧古斯都（Augustus）的描寫，而用來形容查理曼時，我們可真是找不到提供查理曼消息的證人了。

　　　　　　　　　　　　　　　　　　史 家 的 技 藝

最後，有時〔歷史舞台的〕提詞者不願曝光，而躲在所謂的證人背後。在研究「聖殿騎士」（Templars）*大審時，李亨利（Henry Charles Lee）*注意到：不論何時，當審判官審問兩個不同戶口的被告時，他們一致供認同樣的暴行與冒瀆行為，另一方面，當同一戶口的被告被不同的審判官鞠訊時，他們的供詞則又不相符。結論顯然是：法官交代了答案。我想，法院的紀錄應可提供類似的例子。

當然，在考證性的推理領域內，所謂「有限的相似性」（limited similarity）扮演的角色裡，再也沒有比最近採用的方法——計量考證——更特殊的了。

假定我做了一項研究，研究交易頻繁的一個緊密結合的社會中，某一特定時期的物價。然後，有第二者、第三者也進行

＊ 譯注：波利比斯（200?-118 B.C.），希臘人，西元前 168 年到羅馬當人質，寫有不少關於羅馬興起的歷史，其中最著名者為：*The Histories*。

❖ 譯注：恩哈德（c. 770-840），卡羅琳文藝復興（the Carolingian Renaissance）的主要人物之一，著有《查理曼的生平》（*Vita Caroli*）。

✛ 譯注：蘇托尼斯著有多種傳記，包括一系列羅馬帝國皇帝生平。恩哈德的《查理曼的生平》一書即以蘇托尼斯的作品為藍本。

＊ 譯注：聖殿騎士，十字軍東征時由西方騎士、神職人員組成的社團，目的在保護耶路撒冷的聖墓及前往朝聖的行旅。不過，稍後也開始從事貿易等商業活動。此一組織在 1312 年後瓦解。

＊ 譯注：李亨利（1825-1909），美國作家、出版家，著有多本關於宗教審判的書。

同一研究，不過，我們彼此所用的資料都不同：不同的帳簿、不同的市場價格。我們每個人都在同樣的基準上分別畫製年平均數、圖表，以及索引數據。這三條曲線幾乎都吻合。我們可以斷言：每個人都做了一幅多少正確的趨勢圖。為何如此？

理由不僅僅在於：在一個同性質的環境裡，普遍性的價格波動必然符合相當一致性的規律。無疑地，這樣的考慮足以讓我們懷疑過分歧異的曲線，但並不足以證實：在所有可能的線條裡，這三個圖表所顯示互相吻合的曲線就是真確的——純粹只因為它們互相吻合。三個天平，如果平衡的功能出了同樣差錯，也可得到同樣的刻度，但那是錯誤的。在這裡，所有的推理都依靠我們對錯誤之機械性質的分析。這三份價格表，沒有一份能確認為毫無細節上的錯誤。在統計上，這樣的錯誤幾乎是不可避免的。即使我們拋開調查者個人的疏忽不管（我們當中又有誰不曾因古代極端混亂的度量而疏忽犯錯呢？）就算他的研究再怎麼細心周到，資料本身總是有陷阱的。某些價格在登記時可能已不正確——或出自疏忽，或出自假造；其他則可能是例外的情況——如賣給朋友的價格，或賣給冤大頭的價格。所有這些都很容易搞亂平均數。流通於市場的平價表在制定時難得十分仔細。然而，累積許許多多的價格，這些錯誤可以互相截長補短，因為它們極不可能會發生一致性的錯誤。因

　　　　　　　　　　　　史家的技藝

此，如果採用不同的資料所獲得的結果，因其不相牴牾而受到肯定的話，基本上那是因為我們很難想像資料的錯誤（譬如漏看、微小的細節，以及微小的偏好）會是相同的。證據的無窮變化導出如下的結論：如果結論在最後皆互不牴牾，這必然是因為根據事實，此一事實的基本一致性——就本案而言——無可置疑。

對於檢驗證據的試劑，我們亦不可以掉以輕心。幾乎所有的理性法則與指導這種檢驗的經驗，如果推得太遠，就會到達其極限而導入相反的法則與經驗。一如任何自成體系的邏輯，歷史考證有其矛盾處——至少有其困境。

我們已看到：一項證據要被承認為真，考證方法要求它必須與其相伴的證據有某種符合之處。然而，如果我們死守這條格言的字面意思，將會有什麼發現呢？說到「發現」，其實即意味著「驚奇」與「不同」。任何學問，如果只想說明一些如預期一般一成不變發生的事，那麼，這門學問既難得有收穫，也不會有趣。直到目前為止，我們不曾發現 1204 年以前的契約是用法文所寫的（以前用拉丁文）。假設：明天有位學者提出一份 1180 年的法文契約，我們是否即可斷言這份資料是假的？或者，我們的知識尚有不足？

一項新證據與其周圍的證據間所發生的牴牾，極有可能只是因為我們的知識尚有缺陷。但是，有時資料本身的確有天生的不一致之處。社會的統合力並沒有大到任何個人或小團體皆無可逃其掌握。巴斯噶所寫的東西並不像阿爾諾（Antoine Arnauld），塞尚（Paul Cézanne）*的繪畫也不像布蓋羅（William Adolphe Bouguereau）⁺，我們難道可憑此一理由而拒絕承認《地方通訊》一書或《聖維克多山》（Mont Sainte-Victoire）⁺這幅畫的時期嗎？我們是否可斷言最古老的銅製工具是偽造的，只因為在大多數同時代的地層裡只發現石製工具？

　　這些錯誤的結論並非全然只是想像的；我們可以列出一長條原先被學術界陳規所否定的事實（因為它們令人驚訝）——從伏爾泰極感興趣的埃及動物崇拜（zoolatry），到第三紀的羅馬遺跡。然而，更嚴密的檢視下，我們發現方法論上的困境僅只是表面的，「相似性」的推理原則，其威力絲毫不減。必須要做到的只是一項更為精確的分析：當釐清相似性的要點時，應該能分辨出歧異的可能幅度。

　　因為一切個人的原創性有其限度。巴斯噶的文體只屬於他自己，但是他的文法與字彙屬於他的時代。雖然我們設想中的1180年的契約文書是使用一種不常見的語言，它並非就得與其他我們已知的同時期的契約文書相同不可。如果它的法文大

致符合我們從那個時代的作品所了解的法語狀況,而且它所提到的典章制度與該時代的典章制度又相符合的話,我們可以接受這份文件的。

再者,我們得真正了解,批判性的比較方法並不只滿足於校勘來自同一時間平面的證據。人類的現象一直是由一條跨越各時代的鎖鍊所連繫起來的。那一天,當另一個弗蘭·呂卡把一堆手稿擲到法國國家科學院的桌上,想證明巴斯噶在愛因斯坦之前發現了廣義相對論,我們可以事先就假定那些文件是偽造的。並不是巴斯噶不可能發現他的同時代人所沒發現的,而是,相對論的理論奠基於長期發展的數學思考。無論個人可能如何偉大,沒有人能僅憑個人的天賦而不須借助於人類數代的努力。反過來說,面對著首次發現的舊石器時代的繪畫,某些學者爭論它們的真實性或日期,其理由在於:這樣的一項藝術不可能歷經繁盛之後而消失無蹤。這些懷疑論者的推理十分差勁——事實上,鎖鍊可能斷裂,文明也會死亡。

正如德雷阿耶(Hippolyte Delehaye)[＊]神父所寫的,其內容

＊　譯注:塞尚(1839-1906),法國畫家。
✢　譯注:布蓋羅(1825-1905),法國畫家。
✝　譯注:《聖維克多山》,塞尚名畫之一。
＊　譯注:德雷阿耶(1859-1941),比利時耶穌會士、數學家。協助編纂 *Analecta Bollandiana*。

如下：他所屬的教會為兩位在同一天死於義大利的神職人員舉行紀念儀式，這兩人都是因為讀了《聖徒傳》而改信天主教的；每個人各自創立了修會，其守護聖徒皆為同一人；最後這兩個修會被名字相同的教宗所關閉——任何讀了這些記載的人都可能會認為：這是同一個人，被錯認為二，遂以不同的名字載入殉教史。然而，此事倒是相當真實的：聖柯倫彼尼（St. John Colombini）與羅耀拉（Ignatius de Loyola）* 同樣都因《聖徒傳》的啟發而皈依宗教，前者創立了 Jesuates 修會，後者創立了耶穌會；兩人同樣死於 7 月 31 日，前者在 1367 年死於錫耶那（Siena）附近，後者則於 1556 年死於羅馬；Jesuates 修會被教宗克里蒙九世（Clement IX）解散，耶穌會則為克里蒙十四世（Clement XIV）解散。如果這個例子很有意思，它可不是唯一的。假設某種曠古未有的大變動毀掉了一切，只留下過去幾個世紀哲學作品的綱要，那麼，這兩位思想家的存在（同為英國人，同名培根，他們的觀念在實證知識上同樣佔有一席之地），會給將來的學者造成多大的困惑？帕斯（M. Pais）曾駁斥許許多多的古羅馬傳統，認為那只不過是傳說，因為同樣的名字，以及相當近似的情節，除了是以同一方式在重複外，再無別的理由可講得通了。對揭發剽竊的考證工作而言（我們很尊重他們的工作，不過他們堅持拒絕承認事件或文字有可能

　　　　　　　　　史家的技藝

自發性地重複），巧合是那些無法從歷史中一筆勾銷的奇異現象之一。

　　然而，光只承認巧合的可能性極大是不夠的。一旦簡化到這個地步，考證工作將永遠只在可否之間搖擺不定。為了使懷疑成為有助於知識進步的工具，在每個特定的案子裡，必須能大致正確地衡量巧合的可能程度。在這裡，歷史研究的取徑，如同許多其他的心智訓練一樣，是與或然率理論的皇家大道相交叉的。

　　評估一件事的或然率也就是衡量它發生的機會。準此，討論一樁過去事件的可能性是正當的嗎？就其確實的意義而言，答案顯然是否定的。只有未來有偶然性（contingency）。過去則已經存在，沒有可能性的餘地。在骰子被擲出之前，每個數字可能出現的或然率是六分之一。但只要骰子盒一空，這問題就消失了。可是也許不久之後，我們無法確定當天真正出現的是三或五。這不確定性，因此而存在於我們之間，存在於我們的記憶中，或我們的證人的記憶中，而並非存在於事物的本身。

＊　譯注：羅耀拉（1491-1556），1534 年創耶穌會。

然而，經過正確的分析，歷史研究會採用或然率的觀念一點也不矛盾。當歷史學者思索過去某件事的或然性時，他事實上是經由果敢的心智運用，試圖使自己回到事件發生前的時刻，來估量它的機會，就像在這事件發生的前夕，這些機會也同樣的呈現一般。以是，或然性仍然正確地存在於「未來」。但是，由於「現在」的界線在想像中被往前挪動了，這個「未來」是過去時代的未來，是建立在對我們而言真正過去了的時間段落上。如果該事件之已然發生是無可爭議的，那麼，這樣的玄想並不比一場形上學遊戲的玄想更有價值。拿破崙出生的或然性如何？1914年從軍的希特勒逃過法軍子彈的機會又如何？沒有人禁止我們拿這些問題來自娛，只要我們了解這些問題的真正作用是什麼。它們純粹是修辭學上的設計，用來闡明偶發事件的角色，以及在人類進展過程中不可預見之事物的角色。它們與證據的辨偽工作毫無關係。但當事實的存在看來不能確定時，則有關係。例如，我們是否會懷疑：在並非抄襲的情況下，一個作者是否有可能重複了另一個作品的許多情節，甚至許多用語？我們能相信單用機會，或者相信有某種神賦的和諧，就可以解釋《錫安山智者文書》與第二帝國一位名不見經傳的論辯者的小冊子*之間令人驚訝的相似性嗎？我們今天只能就此一小冊子在完成前，發生巧合的可能性，來決定接受

或拒絕。

　　儘管如此，或然率是基於想像的。或然率理論首先假定：在所有可能的情況下，條件是均等的。事先即已知道會導致某種結果的特別因素，在統計上是不被接受的。理論家的骰子是個完美均衡的正六面體；如果一小粒鉛被偷偷灌入了其中的一面，玩家的機會就不再相等。但是，在證據的考證工作上，幾乎所有的骰子都是灌鉛的，因為極端微妙的人為因素不斷介入，使其傾向期望的方向。

　　嚴格說來，有一門歷史科學是除外的。此即語言學，或至少是研究語言之間關係的語言學。它與嚴格定義下的考證研究非常不同，但與考證研究有同樣的特點──溯源。此一學科的推理方式極端接近一種先驗性的平等規則，正如或然率理論所設定的。這種特質來自於語言現象的獨特性。聲音無限可能的組合方式使得語言中相當程度的重複變得不足為奇；不僅如此，更重要的是：除了某些少數的擬聲字外，這些聲音組合意義的賦予是全然隨意的。沒有任何事先觀念上的協調規定 tu（例如在法文和拉丁文中的發音）這個音應該用來指示第二人

＊　譯注：《錫安山智者文書》已見前，所謂「第二帝國的小冊子」當指喬利在 1864 年所寫的小書。

稱。因此，如果我們發現這個音在法語、義大利語、西班牙語與羅馬尼亞語中用來指第二人稱——如果我們同時注意到這些語言間其他大量同樣沒道理可言的相似性——的話，唯一講得通的解釋是：法語、義大利語、西班牙語與羅馬尼亞語有共同的來源。因為如此多樣的可能性是不受人類興趣所影響的，實際純粹的數學或然率運算可以確定這一點。

但是，正常情況遠非如此單純。

某一中世紀國家的一些契約書，在處理不同的事務時，重複運用相同的詞彙與結構。文體考證主義的狂熱信徒因此認為它們是由同個公證人所草擬的。如果我們只考慮或然率，這項主張或許言之成理。但是，情況並非如此。每個社會，尤其每個小職業團體，各有其慣用語。因此，光是列舉其相似處是不夠的，更重要的是，能從同中見其異。只有真正異乎尋常的表達方式方能用來鑑定作者；當然我們得假定他的獨特表達方式出現的次數夠多。文體考證者犯錯的原因在於給予一段文字的各個部分同等的比重：事實上，社會習俗對用語的影響，就像鉛粒會攪亂骰子每一面出現的平均或然率一樣。

自十九世紀初，有一整個學派的學者專力研究文獻的流傳。採用的原則是簡單的：我們擁有某一作品的三份抄本，B、C與D，我們可以假定這三份抄本都有同樣的、顯然是錯

　　　　　　　　　　史家的技藝

誤的段落（這是拉赫曼〔Karl Lachmann〕*檢驗錯誤的方法——最古老的方法）；或者，更通常的是，我們發現這三份抄本有相同的段落，不論對錯與否，與多數別的抄本都不同（這是根據唐康坦〔Don Quentin〕†所提的、列出所有差異的方法）。不管哪一種情況，我們都可判定這三份抄本是「有關係的」。我們可視其情況而了解：它們是互相抄襲（抄襲的次序待定），或是來自同一起源的不同版本。簡言之，這樣一項證據確鑿的巧合不可能是意外的。雖然如此，最近的兩項研究成果迫使考證文獻的工作，在下結論時，放棄了不少其原先機械式的僵硬法則。

　　抄寫者有時會修正範本。甚至當他們彼此各自獨立工作時，共通的心靈習性必定經常會導出相似的結論。特倫斯（Terence）†在某處使用了 *raptio* 這個字，相當罕見的一個字。有兩位抄寫者，由於不懂此字，把它抄成 *ratio*，*ratio* 在文中毫無意義，但對這兩人而言，卻是熟悉的。當這麼做時，難道他們一定是商量好的，或互相模仿的嗎？在這裡我們看到一種製造錯誤的模式，然而實際上這種錯誤並無法幫助我們建立任何抄本

---

* 譯注：拉赫曼（1793-1851），德國訓詁學者。
† 譯注：唐康坦（1872-1935），法國訓詁學者。
† 譯注：特倫斯（185-159 B.C.），羅馬喜劇詩人。

的「系譜」（genealogy）。再說，誰規定抄寫者只能根據一個範本？當他能比較若干版本時，基本上，沒有人禁止他在各種異文中盡其所能作一最佳選擇。當然在中古圖書館並不多時，這樣的情況很少有，然而，在古代這種情況就比較常見。關於《聖經舊約·士師記》的源流，習慣上在校訂本的開頭都要討論一番；這些不同的說法就像不同的幾棵美麗的果樹，但是對於那些混合若干不同傳統而結成的果實，我們如何能決定是屬於哪一棵樹的？個人的意志，就像集體的力量，在巧合的遊戲裡，對純粹的或然率做了手腳。

因此，正如沃爾內那種的十八世紀哲學一樣，歷史考證的大多數問題實際上是或然率的問題；但這些問題，即使是最精密的計算，也必須承認無法解決。並非只因它的資料超乎尋常地複雜。更常見的是，由於本身性質所限，它們無法被譯成任何數學語言。舉例而言，我們如何計算一個社會對某個字或某項習俗的偏好程度？不管是費爾馬（Pierre de Fermat）＊、拉普拉斯（Pierre-Simon Laplace）＋或博雷爾（Émile Borel）＋的科學都無法解決我們的困難。由於這種計量的技巧多少是一般邏輯所無法掌握的，我們最多只能在思考訓練上利用它來加強推理的分析。

不曾在學術圈中待過的人，不會了解學者通常多麼不願承認有單純的巧合。由於《薩利律》（*The Salic Law*）* 與克洛維的詔書有兩個相似的措辭，一位頗負盛名的德國學者認為該法典必定來自克洛維。讓我們且擱開這些陳言爛語。只要有一點點數學的知識就足以避免這種錯誤的看法。當或然率不受干擾時，單純的一項巧合，或少數幾項巧合的或然情況，極少高得出乎意外。就算它們看來出乎我們意料之外，這也不過是少見多怪，沒多大價值。

　　計算兩個不同的人死在不同年份的同月同日的或然率，或許是蠻好玩的。其或然率等於 $1/365^{2\ 3}$。現在且讓我們假定（不管這項假定的荒謬性）：柯倫彼尼與羅耀拉兩人的修會註定是要被羅馬教宗解散的。檢查教宗名單，我們算出修會被兩位同名的教宗解散的或然率是 11 /13。死在同月同日並受兩位同名的教宗所譴責的聯合或然率大致是在 1/1,000 與 1 /1,000,000 之

3　此一數據的前提必須是：一年中每一天的死亡機會是均等的。這並不正確（年死亡率本身是條曲線），不過，為了方便起見，我們姑且做此假定。

*　譯注：費爾馬（1601-1665），法國數學家。

✤　譯注：拉普拉斯（1749-1827），法國天文學家、數學家，著有《天體力學》（*Mécanique Céleste*）。

✝　譯注：博雷爾（1871-1956），法國數學家。

*　譯注：《薩利律》，法蘭克人早期的習俗，大約在西元五世紀初法蘭克國王克洛維時才寫定為律令。

間[4]。無疑地，沒有賭徒會滿意這樣的勝算率。但是，自然科學認為即使是十五分之十的可能性，就世俗標準而言，都是近乎不可能的。我們顯然是太離譜了──理由在於，證實為可靠的這兩位聖徒的例子就是明證。在巧合的累積裡，或然率實際上變得微不足道：因為，由於一項眾所周知的原理，個別事件的或然率必須彼此相乘，才能求得聯合或然率，而且，由於或然率是真分數，相乘的結果鐵定會比乘數小。在語言學上，有個關於 bad 這個字的著名例子；bad 在英文與波斯文中意指同樣的事，雖然該字在這兩種語言中並無共同的來源。任何人想就這項孤立的一致性尋找關係，都將嚴重違反研究巧合之學的主要法則：「唯有大量的巧合才可下論斷。」

　　真正的［證據的］互相牴牾或一致，是由大量的特殊情況所決定的。我們若把全部事物列入考慮的話，意外情況所帶來的影響就會互相抵消。另一方面，如果我們分別就每個因素加以隔離考慮的話，這些變數的作用就不能被抹殺。即使骰子是灌鉛的，孤立的一擲總是比全局的結果要難預測得多；結果是，一旦玩過，每一擲總有更多樣的解釋。這是為什麼考證愈是探究細節，其或然率愈是複雜。分開來看，在《奧雷斯提》（ *Oresteia* ）[*] 的現代版本上，難得有一個字我們可以確定是出

　　　　　　　　　　　　　　史 家 的 技 藝

自埃斯奇勒斯（Aeschylus）之手。然而，整體而言，我們不用擔心——我們的《奧雷斯提》一書確實是埃斯奇勒斯所寫。全體比起局部要來得更確定。

然而，要到什麼程度，我們才可以理直氣壯地說出這個榮耀的字眼——「確定性」（certainty）呢？許久以前，馬比榮承認：契約文書的考證無法達到「形上學意義的」（metaphysical）確定性。他說得很對。只是為了簡便起見，我們有時候說的是證據的確定性，而非或然率的確定性。不過，我們在今天比在馬比榮的時代更明白，那種風俗並非只有我們才有。就「不可能」這個詞的絕對意義而言，〈君士坦丁的贈獻〉並不是「不可能」為真的；或者——根據某些學者的一時興起——塔西圖

4　自柯倫彼尼逝世迄今，有 65 位教宗統治教會（包括大分裂時期同時在位的二位或三位教宗）；自羅耀拉死後，有 38 位教宗在位。第一份名單中有 55 位教宗與第二份名單上的教宗同名；在第二份名單上，同樣的名字實際重複了 38 次（如眾所知，慣例上，教宗多半使用傳統所崇敬的名字）。

　　因此，Jesuates 修會被這些同名的教宗之一所壓迫的可能性是 55/65，即 11/13。對耶穌會而言，其機會是 38/38，即 1；換言之，即百分之百。兩者合起來的或然率是 11/13 乘以 1，即 11/13。最後，以 $1/365^2$，即 1/133,225 乘以 11/13，得出 11/1,731,925，稍大於 1/157,447。若要完全正確，我們必須把每位教宗個別的在位期限列入考慮。不過，這種數學遊戲的唯一目的只不過是要顯示其壯觀的氣勢，因此，在計算方面的簡化是說得過去的。

　　[英譯者按：讀者在此當記住布洛克的手稿是未完之稿。而且，在寫此書時，他並沒有辦法利用參考書；如果可能的話，他必然已查證並更正了此處數學計算的誤差。無論如何，這些誤差並不影響他討論的要旨；此一要旨基本上是正確的。]

＊　譯注：《奧雷斯提三部曲》，是古希臘三大悲劇作家之一的埃斯奇勒斯（525-456 B.C.）以邁錫尼國王阿格梅農（Agamemnon）家庭史為藍本寫成的悲劇。

斯的《日耳曼人》也不是「不可能」是假的。就同樣的意義而言，一隻猴子在打字機上隨意敲打而一字不差地意外弄出一份〈君士坦丁的贈獻〉，或是一部《日耳曼人》，這樣的事情也不是「不可能」的。庫爾諾曾說過：「所謂不可能的物質界事物不過是一件或然率極其微小的事物罷了。」如果在追求確定性上，採取的方式只是估量可能與不可能的情況，那麼，歷史考證就像其他許多研究事實的科學一樣；只不過是它所要處理的無疑有比較微妙的變化。

對於由於考證資料的理性方法之出現而帶來的大幅度進步，我們是否一直都能真正認知？我指的不只是歷史知識的進步，而是知識整體的進步。

在不久之前，除非事先有充分的理由來懷疑見證者或陳述者，所有陳述的事有四分之三被接受為真。同樣也是在不多久前，費夫爾曾精彩地論證出：文藝復興時代的人，無論思考或行為，與跟我們時代相距不遠的人比起來，並沒什麼不同；這是為什麼他們的偉大作品仍然是我們的靈感來源。我們也不應該說這就是那些盲目群眾的基本心態，他們巨大笨重的力量——可憐，被一些假學者所誤導——不斷地，即使在我們今日，也威脅著要把我們脆弱的文明掃落到無知與愚昧的深淵。

史 家 的 技 藝

因為，就算是最穩健的思想，既未曾，也不能，逃過時代的共同偏見。不是說下過一場血雨嗎？然而，為什麼會有血雨？當蒙田在他所鍾愛的古人作品中讀到各種無稽之談，例如某個地方的人生下來就沒頭，或是有神奇力量的名為雷莫拉（remora）的小魚，他眉頭也不皺一下地就把這些故事安排到他那嚴肅的論辯裡。儘管他精於拆穿各種謠言的機關，他對於流行觀念的懷疑，遠甚於所謂的業經證實的事情。準此，正如在「拉伯雷式的迷思」（the Rabelaisian myth）＊裡，名為「耳食」（Hearsay）的老人統治著自然世界與人類世界。或許統治自然世界更多些。因為，由於有比較直接的經驗，人們懷疑人類的事件，比懷疑殞石或所謂的有機生命的不規則性，還要更來得快些。如果你的哲學被奇蹟所擊潰，或是你的宗教被其他宗教的奇蹟所擊潰，你必須努力強迫自己在這些奇怪的天啟當中尋找某些表面上可以理解的原因。無論那是魔鬼的傑作，或是造化弄人，這些「原因」乃屬於一套觀念或意象系統，完全有別於我們今天能稱為科學思想的系統。很少人會大膽想到去駁斥這些天啟

＊ 譯注：拉伯雷（Francois Rabelais, 1483-1553），法國人文學者，最初進入教會成為神父，後去而習醫。性好學，曾任大學教授，對於當時社會攻擊不遺餘力，著有小說《加干求亞》（*Gargantua*）及《潘塔格魯兒》（*Pantagruel*）。費夫爾著有 *The Problem of Unbelief in the Sixteenth Century: The Religion of Rabelais* (1942)，為研究拉伯雷最重要作品，亦為年鑑史學名著之一。

現象本身。龐藩諾齊（Pietro Pompanozzi），帕都亞學派（Paduan school）的明星，非常反對基督教的超自然論；因此，他不相信那些國王，**只因為他們是國王**（即使被塗以聖瓶中的膏油），就能以手觸病患來治癒他們。雖然如此，他並不駁斥有這種療法。他以一種生理學上的特徵來解釋這種療法，而認為這種特徵是遺傳性的——一項有神聖功能的榮耀特權，竟被看成只是王朝唾液的治病功德。*

　　如果今天我們得以釐清對宇宙的看法——曾經充滿無數的神奇假想，並且似乎已為各個世代所一致肯定——無疑首先我們得感謝一項逐漸發展的觀念：認為自然的秩序是由不變的律則所統馭的。但是，若非藉著耐心經營的、以人類為對象且為見證的實驗，這項觀念不可能建構得如此堅固，而那些與之衝突的觀察也不可能被一筆勾銷，我們因此得以揭露並解釋證據的不周全處。我們獲得了不相信的權利，因為我們比過去更了解：在何時，以及為何理由，我們應該不相信。以是，科學即成功地擺脫了許許多多虛假的問題的重擔。

　　然而正如其他例子，純粹的知識與行動是不可須臾相離的。

　　西蒙，我們的學科最重要的奠基者之一，他不但留給我們一些有關詮釋學（exegesis）的重要學說，而且還運用他敏銳的

史 家 的 技 藝

思路拯救那些被控施行巫術的單純靈魂。這絕非純屬巧合。西蒙所扮演的兩個角色，所須的知識訓練是一樣的。同樣的工具適用於兩種不同的需要。法律行動——永遠得受其他人報告的引導——與純粹的研究同樣注意估量正確性。它所運用的工具與學術工作所採用的也沒啥不同。事實上，這些工具最初就是學術界所打造的，就有效地運用「懷疑」這一點而言，司法工作只是——相當遲緩地——追循著伯蘭德派以及本篤派（Bene-dictines）的足跡。一直要到有關「過去」的模糊記憶開始受到理性證據的質疑許久之後，心理學家才想到要就他們直接注意到的以及採訪來的證詞進行科學的研究。可恥的是，儘管比起以往而言，我們的時代更受到欺騙與謠言的毒害，但批判考證方法卻全然不見於學校的課程。它不應再只是研究工作裡不起眼的輔助工具。

今後，更廣闊的地平線已經展開，而藉著考證批判方法的精煉與推廣，歷史在其所最可確定的成就當中，或可再加上如

---

*　譯注：龐藩諾齊（1462-1525），義大利文藝復興時期著名學者，曾就讀於帕都亞大學，攻哲學與醫學，後任教於該大學。一生著述甚多，對亞里斯多德哲學尤有精到研究，唯大都未出版。1556 年出版 *De incontationibus*，想以自然現象來解釋神蹟。中古時期人們普遍相信國王有超自然力可以治療疾病，龐藩諾齊可能從醫學觀點對此事提出解釋，這是布洛克在此處諷刺他的緣故。布洛克著有《神蹟國王》（*The Royal Touch: Sacred Mon-archy & Scrofula in England & France*, 1973）一書，對此一神蹟的現象及流行，提出社會、文化與心態的解釋，為「心態歷史」重要代表作之一。

下一筆：為人類開拓出通往真理——因此也是公道——的一條
坦途。

4

歷史分析
Historical Analysis

1. 下論斷或是去了解

可敬的蘭克（Leopold von Ranke）曾有如下的名言：「歷史學者除了去描寫事情『一如其發生之情況』（*Wie es eigentlich gewesen*）之外，再沒別的目標了。」希羅多德早先即曾說過：「去敘述過去是怎樣。」（*ton eonta*）換言之，學者、歷史學家被勸導在事實跟前抽離自己。或許，如同許多其他的格言一樣，這一個信條的成功也是只因為它的含混。我們能夠平易地在其

中讀到一個誠實的建議——無疑地，這是蘭克的意思。但是，除此之外，這也是一個消極的建議。因此，在這裡我們同時遭遇到了兩個問題：歷史之公正不倚（impartiality）的問題，以及歷史是要致力於重建或是致力於分析的問題。

但是，如果真有公正不倚的問題，那純然是因為「公正不倚」這個字眼事實上就含混不清。

有兩條途徑可求得公正不倚：學者的，與法官的。就真誠地服膺真理而言，學者與法官有共同的根源。學者記錄經驗，或更貼切地說，他邀請經驗——這些經驗或許會摧毀了他最心愛的理論。好的法官，無論他私衷希冀什麼，在詢問證人時，一心一意只求知道事實——不管這些事實是什麼。對他們來說，這是良心的職責，而且一直是這樣。

然而，學者與法官的途徑也有分叉的時刻。當學者完成觀察與解釋之後，他的工作即告結束，仍留待法官去做的是判決。如果抑制個人的喜惡，而根據法律宣判的話，這個法官即被認為是公正不倚的。但他的公正不倚只是就司法意義而言，而非就科學上的。因為我們在譴責或赦免人之罪責時，事先得接受一套價值觀念，這些價值是與任何實證科學無關的。一個人殺了另外一個人，這件事實顯然要由證據來決定。但是去處罰謀殺者則先得假設我們認為謀殺是有罪的——這畢竟只是一

史 家 的 技 藝

項意見，並不是所有的文明都同意的。

　　長久以來，歷史學者被誤認為是冥府的法官，主管分配過去英雄的毀譽。我們只能認為這種態度是滿足了一種根深柢固的本能。因為所有必須批改學生報告的老師都知道：要說服這些年輕人不在他們的桌子下扮演米諾斯（Minos）*或歐西利斯（Osiris）✝的角色有多麼困難。巴斯噶的話比所有其他的更扼要：「在判斷此善彼惡時，我們都在扮演上帝。」人們忘了所謂的價值判斷只有在為某項行動做準備時，才有存在的理由；而且也只有關係到一套有意識被接受的道德參考系統時，才有意義。在日常生活中，為了一舉一動，我們不得不採用這些通常相當概括化的標籤。在我們無所措其手足的地方，在普遍被接受的觀念與我們的觀念徹底不同的地方，這樣的標籤真令人發窘。難道我們對自己以及我們的時代是這麼地有把握，以至於能把我們的祖先區分成正義與該受詛咒的兩種類型嗎？這是多麼地荒謬——把個人的、一黨一派的、或是一個世代的全然

---

*　譯注：米諾斯，傳說中地中海克里特島的統治者，是眾神之王宙斯（Zeus）與奧羅帕（Europa）之子。生前被認為是實權在握的公正的統治者。死後成為地獄（Hades）中的一位判官。

✝　譯注：歐西利斯，古埃及傳說中最重要的諸神之一。在埃及神話中，歐西利斯為敵神謝絲（Seth）所謀害，屍身被分成十四碎片，分灑在地表上。最後，歐西利斯的妻子及妻妹找回所有碎片，並埋葬之。歐西利斯因而重獲新生，從此留在地獄，成為地獄的統治者與判官。

相對的標準提升為絕對的標準，以此強加到他事他物上，例如評價蘇拉（Lucius Cornelius Sulla）*治理羅馬的方式，或黎希留（Cardinal de Richelieu）+的治理「最虔誠基督教國王的國家」+！再者，由於群體意見的變動或個人的反覆無常，再沒有比這種評價更容易改變的了。歷史，由於太勤於編纂功名錄而非參考書，已經不必要地給自己冠上一個最靠不住的學科的頭銜。空洞的控訴之後，跟著來的是徒勞無功的洗刷。擁護羅伯斯比（Maximilien Robespierre）者！反對羅伯斯比者！拜託，請只告訴我們羅伯斯比是何許人！

　　如果評價只是跟著解釋而來，讀者還可以只瞄一下。不幸的是，好下評斷的習慣導致喪失解釋的口味。對過去的熱情交織著當代的偏見，人類的真實遂被化約成一幅黑白圖畫。蒙田早已直截了當地警告我們：「每當評斷傾向一方時，我們就會扭曲敘述以配合此一方向。」再者，去探測與我們相隔數代的另外一個人的心理，我們必須真實無欺地把我們的自我擱在一邊；反之，若是要說出自己的想法，我們只須一如自己。這是較不辛苦的努力。褒貶路德比起解讀他的靈魂不知要容易多少；相信教宗葛列格里七世（Gregory VII）對皇帝亨利四世的看法，或亨利四世對葛列格里七世的看法，比起釐清這場西方文明裡最偉大的戲劇之一的根本原因，也不知道要容易多少！

拋開人物個性的問題不談，讓我們考慮法國大革命期間土地充公的問題。在恐怖時期，廢棄了早先的法律，政府決定把充公的土地分成小塊賣出，也沒有競爭性的招標。毫無疑問地，這嚴重犧牲了財政部的最佳利益。一些現代學者憤然叫嚷反對這項政策。然而，如果當他們坐在國民會議（the Convention）席上而還敢如此主張的話，他們所表現出的勇氣可就不得了！遠離斷頭台，這種不具危險性的勇猛或許有娛樂作用，但更有價值的是去調查「第三年」（the Year III）* 之黨羽的真正需求。基本上，他們希望幫助鄉間小民取得土地；在考慮平衡預算之前，他們要求紓解貧農的困難，以確保這些農民對新秩序的擁護。他們是對？或是錯？在這點上，我該在乎歷史學者的後見之明嗎？我們應該只懇求他別被自己的選擇所麻醉，而忘了同時還可能有另外的選擇。雖然如此，人類智識發展過程

＊　譯注：蘇拉（138-78 B.C.），羅馬的將領及獨裁者，推行多項著名的制度改革，以求強化羅馬共和國。

✣　譯注：黎希留（1585-1642），法國政治家、宗教家。是十七世紀法國之雄圖偉略的藍圖設計家；在「三十年戰爭」中，對國際政治的世俗化頗有貢獻。就他的同時代人，以及歷史學家而言，他在重整當時國際政治秩序，以及在瓦解西班牙勢力的成功，使他成為頗受爭議的人物。

✚　譯注：指法國。

＊　譯注：The Year III，法國大革命時期所行的新曆，以 1792 年（共和國成立）為第一年，因此，The Year III 應該是 1795 年，也就是革命最狂熱的時刻。布洛克此處所說「第三年」黨羽意指大革命的狂熱份子。

的教訓是清楚的：各種科學，依照其放棄古老的、善惡判然的人類中心主義的程度，而決定其是否比以往更有成就——也因此，終將更為實際。今天，我們會嘲笑那種區分壞的氣體（如氯）與好的氣體（如氧）的化學家。但是，如果化學在一開始發展時就接受這種分類，那麼，它就極可能局限在該階段，而嚴重影響到我們對物質界的了解。

然而，我們得小心別把這樣的類比推得太遠。人之科學的命名一直有其特色。物之科學的命名則排除了目的論的色彩，在這些科學裡，「成功」與「失敗」、「無能」與「能幹」等字眼充其量也只不過能扮演幻想中的角色，永遠滿載危險。然而，它們卻是歷史學的正常詞彙。因為歷史學與人類有關，而他們天生即能追尋有意識的目標。

我們或許可以承認：一位參加作戰的指揮官通常會奮力以求勝利。如果兩軍勢均力敵，而他輸了，那我們可以很正當地說他指揮不當。如果這樣的失利在他是司空見慣，也就是當我們已觀察出他的確不是極佳的戰略家時，我們對事實的評價就不算太越軌。再舉個例子，譬如我們正思考一項貨幣變動的事實（讓我們假設其目的是犧牲債權人以謀利債務人），把這項變動說成卓越或可悲，都將會偏袒了兩造的任一方，也因此獨

斷地把一套完全主觀的公眾福利的觀念套到過去的歷史上。不過，讓我們假設，在某種因緣下，原先想要減輕債務負擔的作法實際上卻導致相反的結果——是曾有過這種例子。我們說：「它失敗了。」這並沒有超過忠實地敘述一件事實的範圍。正如在整個心理學裡，不成功的行動是人類演進的基本資料之一。

還有其他的情況。如果，譬如說，我們的將軍蓄意讓他的部隊被擊敗？若然，我們應當毫不遲疑地指控他賣國：因為在平實的語言裡，那是切合於此一行動的字眼。歷史學若拒絕借助一般用法中簡單而直接的詞彙，那也未免太鑽牛角尖了。其次，我們仍然應該嘗試去了解當時的一般倫理觀念如何看待這樣的行動。賣國可以是一種行為模式，例如過去義大利的傭兵隊長。

當一切都說了做了，一個簡單的字眼，「了解」（understanding），是我們研究的導引燈。我們且別說真正的史學家該是不懂情緒為何物的人；無論如何，他是有情緒的。坦白地說，「了解」是個充滿困難，也充滿希望的字。再說，它也是個友善的字眼。即使在行動當中，我們也太習於下評斷——抨擊他人他物是太容易了，而卻從沒有充分地去了解。無論誰——一位外邦人或政治上的對手——與我們不同，都幾乎不可

避免地被看成邪惡。即使衝突已無法可免，就算只為求得一點指引，對人們多些了解是必要的；若還有時間可以化解衝突，我們則需要更多的了解。如果歷史學能放棄它那虛偽的「天使長」*的心態，那麼它就可幫助我們治癒這個弱點。歷史包括人類多式多樣的經驗，包括與人類持續不斷的接觸。生活正如科學，我們可以從中取得一切所要的東西——只要這些接觸是友善的。

2. 從人類功能的多樣性到良知的統合

然而，「了解」不是一種消極的態度。科學的實踐上，兩件事情永遠是必須的：主題，以及人。人之實體，一如物之世界的實體，是龐大而駁雜的。僅僅是一張相片，是無法解讀的——就算此一機械製造的完整複製品有其意義。而且，這是否說資料已在過去與現在之間插入一張初步的濾網呢？當然，資料的存在與否經常是得看運氣的。況且，它們幾乎從不曾按照想了解它們的心之靈明的要求來組織其主題。就像其他任何的學者，就像任何從事整體觀察的思惟，歷史學者選擇及分類。換言之，他分析。而且，在一開始時，他尋找相同之處以便比較。

　　在我面前有一塊羅馬時代的墓碑銘文，刻在一塊石板上，為了一個單純的目的。但是，再也沒有比這項等待學者的手術刀去剖析的資料更多采多姿的了。

　　如果我們對語言學特別有興趣，這塊墓誌銘的用字與造句表現出當時該地人所書寫的拉丁文，而且透過這些半文縐縐的文字，我們可以捕捉到當時日常語言的片羽鱗光。另一方面，如果我們想研究信仰的問題，那麼我們正掌握了解對死後世界的熱望的一個關鍵。或者，如果想了解當時的政治體系，我們則會因看到一位帝王的名字，或執政官的在職日期而感到狂喜。若意在了解經濟，這塊墓誌銘或可揭露一樁不為人知的行業。這還不包括其他的可能性。且擱下這份孤立的資料，現在讓我們想一想，在文明的演進中，透過一串多樣的資料而被了解的任何特定時刻。活在那個時刻的人，沒有不曾同時參與人類多重活動的；沒有不與鄰人交往的；沒有不敬拜神明的；沒有不是製造商、商人，或至少是消費者的；如果不參與政治活動，他至少經驗到政治活動的後果。我們應該冒然地、不經選

＊　譯注：天使長（Archangel），地位最高的天使。

擇與安排，就其本來混亂的狀況——每項資料、個人或群體的生活呈現於我們眼前的——來重述這些活動嗎？這等於是犧牲了清楚來保留純只是表面上的事物同時性的秩序，而不是為了事實的真正秩序——因為事實的真正秩序含有自然的系譜與基本的關聯。一本實驗手冊是不該與分秒必記的實驗室日誌相混淆的。

因為，當我們自認為看到人類演進過程中某些現象間的連繫時，除了指每類型的制度、信仰、習俗或事件外，我們指的是什麼？經過分類的這些事展現在我們跟前，表達一種獨特的——在某種程度內是永恆的——個人或社會的傾向。譬如，我們是否能拒絕承認，所有的宗教情緒，不管其間的差異，仍有某些共同性？質言之，如果我們對某些事實已有所了解，那麼對任何同類的事實，我們將會有比較好的了解。在封建時代初期，錢幣的使用，作為價值的標準遠超過作為付款的方式，這是十分不同於 1850 年左右西方經濟制度所建立起來的規範；另一方面，十九世紀中葉的貨幣制度與今天的貨幣制度，其間的差異也並不就較為輕微。然而，我認為：一個只知道西元一千年左右貨幣史的學者，將會發現即使只想了解那時貨幣流通的特性也有困難。這就是為什麼某種程度的專史化，也就是縱切面的研究，是合理的（然而，此種專史化之能被認為合理

是有其限度的），那就是，用來彌補我們心靈廣度之不足及生命短暫的缺陷。

不以合理的方式來安排呈現在我們眼前的原始資料，到頭來就是否定了時間，因此也否定了歷史。例如，我們要如何來了解此時或彼時的拉丁文？——如果把它從這個語言早期的發展中分離出來的話？所有權的形式或信仰，當然都經過了長期的發展。由於其發展是從遠古延續到當前，人類的現象因此根本上為相似現象的鎖鍊所連繫。根據種別而分類是為了突現力量的主要運作脈絡。

但是，有人會反對。他們認為：你以切割生活的方式所建構起來的分類，只存在於你的心中；它們並不存在於真實裡，在真實界裡，一切事物是互相糾纏在一起的。再者，這樣做，你是在使用「抽象概念」。想當然爾。但是，為什麼要害怕文字呢？沒有一門科學能去除「抽象概念」，就如同它不能去除想像力一樣。順便一提，有意思的是：會排斥前者的思想家通常對後者也沒好臉色。兩種情況所顯示的同樣都是曲解的實證主義。在人之科學也別無例外。要怎麼說葉綠素的功能比經濟的功能更「真實」——就此字的絕對意義而言？只有那些依靠錯誤的類似性而作的分類才是糟糕的。歷史家的職務在於不斷檢證他自己的分類法，以使其合理；並且在需要時，加以修

正。再者，儘管所有的分類法，其目標皆想包含真實世界裡的一切，它們也許會從非常不同的、有利的觀點出發。

　　譬如，我們有「法律史」。教科書——一直是僵化而又令人羨慕的工具——已使得這個名詞普為人知。但是，它指的是什麼？法規是一種社會規範，明顯地具有強制性，由一個權威所頒布執行，而這個權威必須能透過一套具有強制性與處罰力量的精確體制，來課取人們對它的敬意。實際上，這類法條可以管理最富變化性的活動。但它們永遠不是控制這些活動的唯一方式：在我們的日常行為中，我們時常遵循道德上的、職業上的或流行的典範，而這些典範所要求的經常不同於法律規章所要求的。再者，後者的邊界時常在變動；而顯然地，社會上所承認的一項責任並不會只因為被寫入法律就改變了其性質，就算因此能取得或多或少的強制力或清晰性。因此，就其嚴格的意義而言，法律只是真實的正式外套，而真實在本質上又太富變化性，以致於無法提供給單一的研究有出路的主題。再說，單就法律史的研究也無法窮盡這些真實的任一部分。以家庭制度為例，不管是研究時而擴張、時而縮小的目前的小家庭，或是中古時代的大家庭（透過此一持續的感情與利益的網絡，共同體得以鞏固），只是一一列舉所有家庭制度的法條，就可以真正洞見家庭組織的生命嗎？某些人卻似乎認為就是如

　　　　　　　　　　　　　　史 家 的 技 藝

此——即使在今天我們都還沒有辦法追溯法國家庭制度的內在演變，這一點正足以證明他們是被騙得多可憐。

然而，在法律事實這個概念裡，確實有相當真實的事，這是有別於其他領域的。因為在許多社會裡，法規的應用，以及在很大程度內法條的周延，至少已經成為一群相對而言專業化人員的特殊工作。這個團體（其成員在法律上扮演的角色當然是可以與其他的社會角色結合）本身已具相當自主性，他們有自己的傳統，甚至有自己的推理方式。簡言之，或許法律史除了作為法學者之歷史外，別無其他單獨存在的價值可言；如就人之科學的一支而言，法學者歷史的存在倒也不是個壞事。就此意義來了解，法律史可在極端多樣、但卻同屬人類活動的現象上，投下一些微光；這些微光，如果能局限在本身的範圍內，是非常有照明作用的。

我們通常稱之為「人文地理」（human geography）的研究則代表了另一種不同的主題。在這兒，觀察的角度並非從一個專業的心態出發，就像在法律史的例子。它也不像宗教史或經濟史一樣，研究的起點來自某種人類現象的特殊本質——例如由某些超自然力量的幻像所激發的信仰、情緒、心靈流露、希望與恐懼；或是為了滿足及安排物質需要所做的努力。人文地理的研究則集中在許多社會現象共有的一種關聯上。「人類地

理學」（anthropo-geography）研究社會與其物質環境的關係：此一關係顯然是相互的，因為人類不斷地影響其環境，同時也受環境的影響。因此，就此點而言，我們所提供的也只不過是個新的角度——這個角度的價值可由其有效性來證實，但是，它當然也必須由其他的角度來補足。這的確是任何類型的研究中，分析的真正功能所在。科學之所以要分解事實，就是要藉著一種探照燈式的交光互影作用，讓光線不斷地互相揉合與互相穿透，以求得對真實有較佳的觀察。只有當每個探照燈的操作者宣稱他看到了一切，或每個學科鄉鎮自認擁有全國性的主權時，才會有危險。

　　然而，我們也必須注意到不要認定自然科學與人之科學間有任何虛假的幾何式對稱性。從我的窗口可以望見的這個大自然，每個學者選擇他的適當主題，而毋須費神於全體景觀。物理學家解釋天空的藍色；化學家解釋小溪的水；植物學家解釋花木。至於臨摹這個在我眼前、且刺激我想像力的大自然景觀的工作，則留待藝術——如果有任何畫家或詩人希望從事的話。質實而言，整體的大自然景觀只存在於我的意識。科學的方法——此一方法由於許多學科的應用成功而得到承認——的獨特性在於：有意識地抽離觀察者本身以求得對被觀察的事物有更多的了解。對自然科學而言，由我們的心智所編織出來

的、關於事物之間的連繫，顯然是武斷的；這些學科有意識地打散事物，以求重建對它們而言是較為真實的多樣性。然而，即使如此，有機體的世界仍有其獨特的微妙問題。為了方便起見，生物學家的確可以分開研究呼吸、消化或運動神經的功能；儘管如此，他並不是不曉得有個完整的人存在——這是他必須考慮到的。研究歷史的困難更是特別。因為分析到最後，人類的意識就是歷史研究的題材：人類意識之間的交互關係、糾葛不清及傳播影響，對歷史研究而言，就是真實本身。

至於所謂的 *homo religiosus*（人類宗教學）、*homo aeconomicus*（人類經濟學）、*homo politicus*（人類政治學），以及所有那些帶有拉丁字 *homo* 的冗長名稱（我們可以無限制地列下去），且別錯認它們，否則就有嚴重的危險：它們真正只是些抽象的概念。抽象的概念是方便的，只要它們不惹麻煩。只有能同時統攝這些概念、有血有肉的人，才是唯一的真實存在。

的確，我們的心靈有內在的分割；而且有些人已特別擅長於這等區劃。勒諾特爾（Gustave Lenôtre）常因為發現許多法國大革命的激進份子是優秀的父親而感到驚訝。就算我們偉大的革命家事實上都是嗜血的怪物（有關他們的描述是如此一致地令中產階級大眾眉開眼笑），勒諾特爾的驚訝正足以顯露出我們心理學的局限。有多少人事實上是生活在三、四個不同層

次？他們希望如此過活，而有時的確也能成功地這麼做。

然而，並不因此就可否認自我（ego）的根深柢固的一統性，以及不同態度間的不斷揉合。數學家的巴斯噶與基督徒的巴斯噶，彼此難道是陌路人？博學廣聞的醫生拉伯雷（Francois Rabelais）與潘塔格魯兒信徒（Pantagruelist）記憶中的領主阿爾科福利巴（Master Alcofribas）＊，從未相遇嗎？就算同一個演員所扮演的不同角色間的衝突像一齣通俗劇中各類人物之間的衝突那麼露骨，這種對立──嚴格說來──也只不過是個面具，其背後仍有個更深刻的統合體。人們嘲笑寫輓歌的弗洛里昂（Jean Pierre Claris de Florian）＋；他可是個打情婦的人。或許正因為他在行動裡無法表現甜蜜，所以才在詩歌中傾入如此多的甜蜜以為慰藉。中古時代的商人，在一整天都違背教會對高利貸以及正當價格的誡規之後，假惺惺地跪在聖母像前，或在垂暮之年大事慈善捐贈；在高壓時代的大製造業者，用從衣衫襤褸的童工薪資中苛扣下來的錢興建醫院，他們如此做，如一般所言，只是想以較便宜的代價取得不受天譴的保證？或者是：藉著這些顯示信仰與慈善的行為，他們是否也稍能（幾乎是不自覺地）滿足他們內心的祕密需求？──繁酷的日常生活迫使他們壓抑這些內心的需求。有些矛盾是十分接近逃避的。

讓我們從個人的層次轉到社會。認為社會只是個人心靈的

史 家 的 技 藝

總合，這句話說了簡直等於沒說；不過，總而言之，我們至少可以說社會是個人心靈的產物：因此，我們應當不致於因為發現在社會中也有同樣不斷互動的情況存在而感到驚訝。從十二世紀到（至少）宗教改革時代，紡織工人的團體是基督教異端產生的溫床之一。這是公認的事實，確實值得做一張關於宗教史的卡片。讓我們把這張小卡片小心翼翼地歸入宗教史的檔案裡。同時把另一些更多的卡片扔進隔壁的檔案箱裡——那個標示著「經濟史」的檔案箱。這麼做完之後，我們是否就可以認為已經結束了有關這些異端織工的事？我們還是得解釋這個現象，因為此一現象的特性之一並不僅只是因為這些織工的宗教生活與經濟生活並存，而是：他們把二者混在一起。費夫爾對「道德情操的確定性，或可靠性」印象深刻，而在我們之前的幾個世代顯然充分享受到這點。費夫爾認為有兩個主要的因素可以解釋此一現象：拉普拉斯的宇宙論對人類心靈的支配，以及金錢的「不正常的穩定性」。再也沒有任何兩件事比這更不相像的了。雖然如此，它們攜手並進，塑造一個社會特有的心態。

---

* 　譯注：潘塔格魯兒（Pantagruel）是法國諷刺作家拉伯雷作品中的要角之一。後世稱模仿潘塔格魯兒或拉伯雷者為 Pantagruelist。領主阿爾科福利巴是拉伯雷書中的人物。

✝ 　譯注：弗洛里昂（1755-1794），法國作家，伏爾泰的堂兄弟（或表兄弟）。

無疑地，這種關係在集體的範疇內，正如在個別的心靈上一樣複雜。今天，我們應該不敢再漫言：文學是「社會的表現」。這絕非事實——至少就鏡子「表現」鏡中之物的這樣一個意義而言。文學或許可以輕易地表達出對社會的敵意，正如其表達對社會的認同一樣。然而，它幾乎無可避免地擔負著許多因襲而來的主題——寫作室裡學來的正式結構、老掉牙的美學慣例。這些都是造成障礙的因素。福西翁（Henri Focillon）*已正確地觀察到：「在任何一定的時日裡，政治的、經濟的以及藝術的因素，在它們各別的曲線上，並不佔有（我寧可說：『不必然佔有』）相同的位置。」由於這種不一致，社會生活的韻律幾乎永遠是不勻稱的。同樣地，對大多數個人而言，各式各樣的心理狀態，套個舊式的心理學多元論的用語，極少是同一年齡的。有多少成熟的人仍保有童年時的性格！

　　1837 年，米殊利對聖伯弗說道：「如果在我的敘述中只談政治史，如果我毫不考慮歷史中其他的種種成分（宗教、法律、地理、文學、藝術等等），那麼，我敘述的方式將大大不同。**但是總需要一個極活潑的情節，以便所有上述的這些各式各樣的成分都可以集中連結成一個統一的故事。**」一個世代後，輪到古朗士對索邦（Sorbonne）的聽眾說：「假設有一百個專家以拈鬮的方式分配好寫作法國的過去，你們認為他們最

後能寫出法國歷史嗎？我很懷疑。最少最少，他們會忽略掉事實的連結環：**這個連結環本身就是歷史的真實！**」這些意象的對比是有意思的。米殊利以有機的觀點來思考與感受；古朗士是牛頓宇宙觀籠罩下的產物，因此，他拿空間的概念來作比喻。然而，他們在根本上的一致性則值得我們注意。這兩位偉大的歷史學家的確高明，他們並沒有忽略了下列事實：文明，就像人一樣，不是以機械方式安排出來的單人可以玩的牌戲；輪流被研究的，而且每次研究只為解決個別問題的片斷知識，永遠提供不了對整體的了解；甚至連對片斷本身的了解都無法提供。

但是再整合的工作只有在分析之後才能著手。最好是，再整合只是分析的延續，並且是分析之能存在的最基本理由。對我們首次所觀看的景象，我們的冥想多過觀察，因此其間的事物並不清楚，我們也無法分辨其間的交互關係。只有在它們的個別成分已經分門別類後，微妙的組織網才變得明顯可見。再者，為了栩栩如生的保留下其相互糾纏的動作與反應，我們毋須要求自己捕捉住全體。這樣的工作，對個別的學者而言，是太巨大了。沒有比集中研究一個社會的某個特別範圍更正當、

＊　譯注：福西翁（1881-1943），法國藝術評論家。

更有益處的了，或者，最好是，集中研究在這個範圍內界定清楚的問題：信仰、經濟、階級或群體結構、政治危機……等等。

藉著這種有系統的選擇，通常問題不但能陳述得更具體些，而且其間的關聯與交互替換的情況也可以更清晰地突顯出來——只要我們想發現它們的話。只知道他們的商品，難道你就期望能真正了解文藝復興時期歐洲的大商人嗎？——諸如布料或香料的行商，銅、水銀或明礬的專賣商，或是國王及皇帝的銀行家。我們得記住：他們是侯拜因（Hans Holbein）*作畫的對象；他們閱讀伊拉斯莫斯（Desiderius Erasmus）╈以及路德的作品。要了解中古時代的封臣對其領主的態度，你必須同時了解他們對上帝的態度。歷史學者從未能掙脫「時間」。而正如我們在討論「起源」時所提到的，歷史學者不免擺盪於下述兩者之間：他有時考慮的是跨越長時段的相關現象之巨大波潮，有時則考慮當眾流匯成洶湧漩渦的特定時刻。

3. 命名法

雖然如此，把我們自己局限在區分個人或社會之活動的主要面向上，未免太瑣碎了。就已區分為幾項大類別的歷史事

　　　　　　　　　　　史家的技藝

實，我們有必要做些新的、且較為細緻的分析。我們必須區分構成政治體系的各種制度；構成宗教的各種信仰、實踐與情緒。就這些部分以及全體，我們必須指出其特色——它們與同一類型中其他事物的相近或迥異之處。……所有這些分類的問題，實際上是與命名（nomenclature）的基本問題不可分。

因為任何分析所需要的第一件工具是適當的語言：一種能精確描述事實，而同時又能保留必要的彈性以應付進一步發展的語言；更重要的是，一種確定而不含混的語言。這裡，我們歷史學家可碰到難題了。一個心靈敏銳卻不是特別欣賞我們的作家很清楚地看到這點：「用清晰而特定的名詞來取代含混的、或僅僅是統計性的定義，這一個偉大的日子還沒降臨到史學。」瓦萊里如是說。但是，雖說「確定」的日子還未到，並不是說它就沒有可能到來。不過我們首先要問的是，為什麼它來得這麼遲？

化學已然創造自己的符號，甚至自己的辭彙。如果我所知無誤，「氣體」（gas）是少數幾個法語真正發明的字眼之一。

---

* 　譯注：侯拜因（1497-1543），德國畫家，擅長肖像畫。
✣ 　譯注：伊拉斯莫斯（1466?-1536），荷蘭的人文主義者，神學家。

那是因為化學有個很佔便宜的地方：它所研究的對象本質上就無法給自己命名。化學所拒絕使用的、觀念混淆的辭彙，比起用來取代它們的、根據分類及謹慎觀察而創造的辭彙，並不就比較遠離對象本身，也並不更為武斷。不管我們稱之為「硫酸鹽」或「亞硫酸」，實物的本身並沒有影響我們的選擇。對人之科學而言，情況相當不同。還沒等到各種現象成為抽離的研究對象，人們對他們的行動、信仰以及社會生活的各種面向，就已給了名稱。因此，史學所用的大部分字彙，根本就是來自它所研究的題材本身。它就這樣接受了這些因長期使用而用爛變形的字彙。再者，這些字彙從一開始經常就十分含混，就像任何沒經過技術專家嚴格的、有組織的努力下產生出來的表達系統。

更糟的是，這些借來的字彙本身就缺乏一致性。史料通常硬性推銷它們自己的一套名稱；如果歷史學家聽它們的，那麼，他只是在做某個時代的筆錄——而且每次都不一樣。但是，由於他是根據自己所處時代的範疇（categories）來思考，因此，使用的當然是他自己時代的字彙。譬如我們談 "patricians"（貴族），可敬的卡特歐（Marcus Porcius Cato）* 那個時代的人會知道我們在說什麼。然而，如果一個作者提到「布爾喬亞」（bourgeoisie）在羅馬帝國危機期所扮演的角色，他要怎

樣才能把這個詞或這個觀念，翻譯成拉丁文呢？以此，兩種截然不同的取向幾乎無可避免地把歷史語言割裂為二。讓我們分別檢討一下。

✣　✣　✣

仿造或襲用過去的專門辭彙，乍看之下，似乎是相當保險的途徑。然而在應用時，這方法會碰到多重的困難。首先，事物本身的改變並不必然導致名稱上的改變。這是所有語言之陳陳相襲性格下的自然結果，也是大部分人之缺乏創造力的自然結果。

這個結論甚至對日用器物都有效——儘管實際上這些器物在外觀及結構上通常都有比較清楚的變化。如果我的鄰居告訴我，他要搭自己的 *coupé* 或 *limousine* 出門✣，我到底應該認為他所指的是馬車還是汽車？除非我事先知道他有馬房或車房，才能回答這個問題。通常，*aratrum* 指沒有輪子的犁；*carruca* 則

＊　譯注：卡特歐（234-149 B.C.），羅馬政治家。羅馬史上另有一卡特歐（95-46 B.C.），是老卡特歐的曾孫，也是政治家。

✣　譯注：*coupé*，法語，指雙座四輪的轎式馬車，也指雙座四輪的小汽車。*limousine*，指有車夫駕駛的豪華大轎車，通常在駕駛座與乘客座間有玻璃隔間；也指依時刻表往返的大型汽車，特別是往返於機場的載客汽車。

指有輪子的犁。然而，由於前者先於後者出現，如果我在一件文獻上發現 *aratrum* 這個古字，我怎樣才能確定：這個字不是被用來指另一件新工具呢？相反地，東巴澤（Mathieu de Dombasle）* 稱他所發明的新工具為 *charrue*，雖然如此，既然這工具沒有輪子，它事實上就是一個 *araire*。

而且當我們一觸及與物質較少關連的事實，這種承襲原名的情況顯得更強烈。因為在這些例子裡，事物本身的變化幾乎都很慢，而無法為受其影響的人所知覺。他們不覺得有必要改變標籤，因為實質的變化逃過了他們的注意。拉丁文裡，*servus* 一字是法文 *serf* 的出處；這個字已傳了幾個世紀。但是它之所以能持續使用，是因為這個字所指涉的條件的許多持續變動不被注意；［由於這些變動］古羅馬的 *servus* 與聖路易（St. Louis, 1226-1270）時代法國的 *serf* 之間的相異處，遠甚其相似處。因此，一般而言，歷史學者在研究中古時選擇 "serf"（農奴）這個字。在研究古代史時，則用 "slave"（奴隸）。換言之，在這種情況下，他們寧願採用意義相當的現代語彙，而不願襲用原來名稱。他們這樣做，多少會為了求其正確而犧牲了妥當性；因為他們如此移植到羅馬歷史環境裡的這個字，得等到西元一千年左右才出現，是用來描述人肉市場的：在這樣的市場裡，擄掠來的斯拉夫人（Slavs）似乎提供了一種徹底的人身隸

史家的技藝

屬關係的範本，對西方本土的農奴而言，這種徹底的人身隸屬，是全然陌生的。只要我們能極端節制的話，這種做法倒也可行。至於兩個時期間，何時必須用 serf（農奴）一字來取代 slave（奴隸）？這可是玉蜀黍堆裡永遠理不清的詭辯。總之，為了不致曲解事實，我們在這裡被迫以新名詞取代過去的──這個新名詞，如果不是全然新創的，至少也是重新改造而多少走了樣。

反過來說，名稱有時候也會因時間地點之不同而有所差異──雖然事物的本身並沒有任何改變。

有些時候，某些因素──特別是語言的演變──會導致字彙的消失，而一點也不影響到該字彙所指的物體或行動。語言的現象有它們自己的交互影響的因素，造成某些字被排斥，某些字得以延續。有位學者曾指出，emere（買）一字從拉丁語系裡消失，而被其他非常不同來源的動詞（如 acheter、comprar 等等）所取代的現象。根據此點，這位學者一度認為他已提出有關羅馬滅亡後，各社會商業體系轉換的最周延及最具創造性的結論。想來他不曾問過自己：這樣一個無可爭議的事實是否

---

*　譯注：東巴澤（1777-1843），法國農業學家、發明家。1822 年，創立一所農業學校，並建立一模範農場，以為示範。

可以孤立地來處理！在源自拉丁文的諸語言中，最常見的現象是：短音字的消失；沒有重音的音節（由於不夠強）會逐漸變化得幾乎無法辨識。這是一個標準的語音學本質的現象，而把發音反覆無常的本質誤認為經濟發展的一個特徵，則是可笑的謬誤。

在其他場合，也有社會環境拒絕建立或維持一套統一語彙的。在極端分裂的社會裡——如中古時代的社會，基本上相同的制度經常被人們以非常不同的用語來稱呼，其情況視地區而定。即使在我們今天，鄉間的方言彼此差異也很大，甚至一些最普通的物品及最普遍的習俗用語也不同。在我寫這本書的這個地區 [里昂] 被稱為 *village*（村莊），在北方則稱 *hammeau*。北方的 *village*，在這裡則是 *bourg*。這些口語上的差異本身當然是值得好好思考的問題。然而，如果歷史學者受限於這些方言的用語，他不僅犧牲了自己語言的可理解性，也放棄了分類的工作——那可是他首要的任務。

不同於數學與化學，我們的學科沒有可供任意差遣、與各國語言無關的符號系統。歷史學者只以文字來表達；而且，是用他自己國家的文字。如果他發現的歷史事實是用外國語言表達的，那麼他就必須翻譯。關於這，只要文字指的是平常的事

　　　　　　　　　　　史 家 的 技 藝

物或行為，就不會有嚴重的障礙：這類字彙就像現鈔，可以容易地用相等的價格來交換。然而，當出現的是某一社會獨特而又重要的制度、信仰及習俗時，要把它們譯成另一語言（譯成另外一個社會的相似用語）就成為一項充滿危險的工程。因為，採用同義語（equivalent）就假定了其間有相類似的地方在。

那麼，我們是否應該——因為這個例子而感到絕望——索性就認命保留原來的用語，只加上適當的解說？當然，有時這一定是妥當的方式。1919 年，當德國的威瑪憲法仍用 *Reich* 這個古老的名稱來稱呼自己國家時，我們的政治評論家高聲嚷嚷：「一個仍自稱為**帝國**（empire）的奇異**共和國**（republic）！」事實上，*Reich* 這個字不僅沒有意味著一定要有皇帝；而且，由於這個字與德國的政治史——不斷擺盪於地方主義與大一統之間——有密切關係，它具有一種十分特殊的德國意味，以致於完全無法翻譯成另一種反映截然不同的國家歷史的語言。

但是，像這樣機械式的採用外國文字，雖然是最簡易的解決之道，卻非通則。即使拋開任何語言適當性的問題不談，看到歷史學者用一些外文把他們的研究結果弄得滯塞難解，還是件頭痛的事。就像那些鄉土文學家，由於採用地方土腔，反而變成一種混合的怪腔調，結果是沒有一個小鎮或鄉村，能認得出那是它的語言。放棄在同義語的找尋上下工夫，通常會損害

到真實本身。一個我想是起源於十八世紀的慣例導致了用法文的 *serf*——或其他西方語言中相近的字——來指帝俄時代的 *Krepostnoi*。我們很難想像會有比這更糟的比較。在俄國，一個依附於土地的〔人身支配〕制度逐漸演變成真正的奴隸制度；至於我們的，則是一種個人的依附形式，儘管極為嚴苛，卻遠非把人當成被剝奪所有權利的物品——所謂的俄國農奴制度與我們中古時代的農奴制幾乎毫無相似之處。然而，只用 "Krepostnoi" 一字，對我們也幾乎毫無幫助。因為，在羅馬尼亞，在匈牙利，在波蘭，甚至在德國東部，農民的〔人身〕隸屬型態與俄國的有密切的關係。難道說我們必須輪流用羅馬尼亞語、匈牙利語、波蘭語、德語以及俄語嗎？我們還是一樣會抓不住重點——也就是藉著一個正確的名稱來描繪出史實間的基本關連。

"serf" 這個標籤是個差勁的選擇。但是，那並不能排除我們對通用之標籤的需要，而且這樣的一個標籤是用本國語言加以重疊製造的，不光只是抄襲原來的用語。這裡，同樣的不許有消極被動的態度。

許多社會實行我們或許可稱之為階層性的雙語系。兩種語言並行不悖，其中一種是普通人所用，另一種則為受教育的人

所用。一般習慣上用第一種語言來思考及交談，至於寫作則
——或者是完全，或者是較偏好——用第二種。因此，從十一
世紀到十七世紀，阿比西尼亞人（Abysinians）寫的是高茲文
（Gueze），講的則是緬黑利克語（Amharic）。同樣的，福音書
的作者用希臘文——當時東方文化中最偉大的語言——記載對
話，但是我們必須假定這些對話原來是亞拉姆語（Aramaic）。
年代較近的例子，例如：中古時代長久以來在行政制度裡及作
記錄時只用拉丁文。這些文士、教士及書記的語言來自已滅絕
的文明，或借自外來的文明；因此，這些語言得表達許多本來
就不適合它們表達的事物。只有借助於一套轉換系統，它們才
能做到這點，而這套系統無可避免是相當彆腳的。

　　除了具體的物質資料外，我們主要是依靠這類文字記載來
了解一個社會。因此，那些通行這樣一種雙語的社會，許多重
要的特色就像透過一層面紗般地呈現在我們眼前，有時還有一
面額外的紗窗梗在其間。由英王征服者威廉在 1086 年所下令
進行的土地大清丈——《末日審判書》（*Doomsday Book*）——
是由來自諾曼地及梅因地區的書記負責登記。他們不但是用拉
丁文來描述英格蘭特有的制度，而且，他們首先得用法文來運
思。當歷史學者遇到這種代換的命名方式時，除了倒換回去
外，別無其他方法。如果相符合的辭彙適當地被選用，而且

——更重要的——能前後一致的話，那麼，這項工作還比較容易些。要了解編年史作者筆下的「**執政官**」（consuls）*的真正生活實況，並不太難。然而，我們碰上的不幸多半是較不利的個案。我們十一世紀與十二世紀間的契約文書中，*colonus*⁺指的是什麼？這是個沒意義的問題。這個字在當時一般人的語言中沒有衍生的字，因為它早已不再用來指任何活生生的觀念，這個字代表的不過是公證人（notaries）在翻譯時的一個技倆；他們擅長用典雅的古拉丁文來描述一整套非常不同的司法與經濟狀況。

　　總之，兩種完全不同的語言的對立狀況，實際上只不過是所有的社會都有的對立情況的一個極端例子。即使在最統一的國家裡——例如我們，由於文化或財富不同而有所區分的小專業共同體、小團體，都有它自己獨特的表達方式。並非所有的團體都寫作，或寫得一樣多，或享有同等的機會把作品傳到後代。每個人都知道：司法調查的官方報告極少會原原本本記錄下原來的語句；幾乎是自然而然地，法庭的書記會釐清、修正文章句法，並把他認為太粗俗的字眼剔掉。昔日的文明也有它們的書記；編年史的作者以及——特別是——法理學家，他們的聲音最先傳到我們。我們必須小心記住：他們的用字遣詞，以及由這些辭彙所顯示的分類方式，是出自一套經常過度受到

傳統影響的學究花樣。如果我們可以不用殫思竭慮於卡羅琳王朝的莊園卷軸文件及法令集的錯亂專有名詞（大抵是人為的）上，而能漫步經過當時的一個村莊，親耳聽聽農民討論他們的身分地位，或封建領主描述他們的隸屬民的話，那有多麼刺激！無疑地，這種以日常用語的描述自然無法給我們一幅生活的全貌，因為學者及法律專家對表達——同時也是解釋——的努力中，含有真正有效的力量；但這種日常語言的描述至少能給我們更根本的感覺。如果我們得以聽到村夫唇間的真正禱詞，不管是對昨日的上帝，或今日的上帝，那是多麼具有啟發性！當然，我們得假定他們知道如何完整無缺地表達自己內心的激動。

因為，這到底還是個大障礙。對我們而言，沒有比自我表達更困難的了。然而，想找既不含混又非只具表面性精確的名詞，來表達我們所身處的變動的社會實況，也並不就更容易些。就算是最通常的名稱，從來也只不過是最近似而已。這些甚至包括我們很容易會認為具有確切意義的宗教名稱。試考察

---

* 譯注：consul，原指羅馬共和國的行政官，由公民每兩年選舉一次，名額限定兩名。又，法國自 1799 至 1804 年的共和國的三名最高行政長官亦稱為 "consul"。

❖ 譯注：colonus，指羅馬帝國末年生來自由的農奴，有些時候得擁有自己的財產，但其人身隸屬於土地，並有義務付租金；通常是以土地的生產物繳納租金。

法國的宗教情況，將會發現即使博學如勒布拉斯（M. Le Bras）者，在今天也不得不用許多差別細微的名詞來取代「天主教」（Catholic）這個過分簡化的標籤。對那些呆板的、教條化的堅持伊拉斯莫斯式天主教教義的歷史學者而言（他們憑恃自己所相信的——或者，更可能是自己所不相信的），這是他們的思想食糧。此外，某些相當重要的歷史實相則根本無法用妥切的文字來表達。今天的工人想說出他的階級意識是容易的，即使表達得可能很不完滿。然而，我很懷疑這種有意識的、覺醒的團結精神，是否還有比法國大革命前夕的北法農村的勞工所呈現得更強而有力的或更明顯的；1789 年的各式各樣的請願及一些備忘錄保存了他們那尖銳辛酸的迴響。雖然如此，他們的這種〔階級意識〕感情在當時尚無以名之，因為還未有這個專門名稱出現。

一言以蔽之，資料上的字彙，充其量只不過是證據的另一種形式，當然是極有價值的一種。但是，它也像所有的證據一樣，是不夠完美的，因此得經過考證。每個有意義的詞彙，每種風格上的獨特轉變，都得放回其時代、社會的習慣與作者的用法的背景中，才能成為真正的知識的一部分；而且，更重要的是，如果它是古代留下來的名詞，我們必須確知它不受經常

發生的、時代倒錯的誤解所影響。塗聖油在十二世紀被當成一項聖禮，而且「聖禮」（sacrament）一詞確實充滿著意義，只是在當時並沒有今天神學所賦予的那麼重要，因此，不僅在定義上，同時在語彙上，變得更沒有彈性。名稱的出現永遠是件大事，即使其所指涉的事物早已存在；因為名稱的出現，代表察覺的決定性時刻的來臨。當一個新信仰的啟蒙者首次稱他們自己為基督徒的那一天，邁開的是多大的一步！我們前輩中的一些人，像古朗士，已經給我們樹立了有關研究意義——即「歷史語意學」（historical semantics）——的極佳範例。從他們以後，語言學的進步更進一步砥礪了此一工具。願年輕的學者永遠不會厭倦使用這個工具，尤其是把這一方法應用到最近的時代——就此而言，最近的時代是最少被好好研究的。

當然，不管怎麼說，就算名稱本身在整體的正確性上有多麼不完美，它們對歷史事實的控制力量是如此強大，以致我們在描述一個社會時，無法避免大量使用它的文字——經過妥切的解釋與詮釋後。我們不該模仿那些中古時代令人生厭的翻譯者。當研究的問題與伯爵有關時，我們就應該用 "counts" 一字，當背景是古羅馬時，我們則用 "consuls" 一字。就了解希臘宗教而言，當宙斯（Zeus）確實把丘比特（Jupiter）從學者的唇間逐走時，研究就有長足的進步[*]。但是，這個方法特別

適用於制度、技術或宗教的細節。認為資料裡的命名法能完美地決定我們對名稱的選用，這樣想，簡而言之，無異承認資料已提供給我們一套現成的分析。情況果真如此，歷史學將沒什麼好做的。還好，算我們幸運，事情並非如此。這是為什麼我們不得不在別處尋找分類的大架構。

　　為了應付此一需要，我們已有一整套的、想超越任何時期的語彙。這套語彙是經過好幾代的歷史學者不斷地修正、調整而經營出的——事先並無計劃；這套詞彙把年代與來源十分歧異的字眼湊在一起。"feudal"（封建的）與 "feudalism"（封建制度、主義）原本是法律上的行話，布蘭維爾雅（Henri Boulain-villiers）＊首先從十八世紀的法庭接收過來，孟德斯鳩則繼其後；這兩個字成為相當蹩腳的標籤，用來指一種本身相當不清楚的社會結構。"capital"（資本）原為放高利貸者及會計師的用語，其意義則被早期的經濟學家加以擴大。"capitalist"（資本家、資本主義者）是歐洲最早期的證券交易的投機者留下的語言。但是 "capitalism"（資本主義）這個在我們今天的經典作品中佔據更重要地位的字彙則是嶄新的：其字尾顯示了它的來源——Kapitalismus。"revolution"（革命）這個字已從其先前天文學的聯想轉換成十分人文的意味；在天體現象中，這個字在

　　　　　　　　　　　　　　　　　　　史家的技藝

過去及現在仍然是指一項規律的運轉，永遠轉回來；但在人間，指的是一尖銳的危機，永遠是往前直衝的。"proletariat"（普羅階級、無產階級）是個古董式的老字，老得就像 1789 年的人物，他們追隨盧騷（Jean-Jacques Rousseau）之後，使得這個字運道昌隆；但是，馬克思繼巴伯夫（Francois-Noël Babeuf）⁺之後，在這個字上永遠地蓋上了他的烙印。美洲的原始居民給我們 "totem"（圖騰）這個字，而大洋洲的原住民則給我們 "taboo"（禁忌）這個字。當一些歷史學者尚因對古典的崇拜而猶疑時，民族學研究者已採用了這兩個字。

　　字源的多樣性與意義的偏離並不見得就會造成不方便。在決定一個字的意義時，我們較注意的是該字被使用的情況，而非其字源。就像 "capitalism" 這個字，即使就其最廣闊的意義而言，也遠遠無法包括那些放貸者的資金曾在其間發生重要性的所有經濟制度；就像目前流行用 "feudal" 這字來描述某類社會的特徵，雖然采邑（fief）並非這些社會的最重要特色；這並不與目前所有學科的一般作法有所矛盾——在它們不滿意純

＊　譯注：古希臘人稱呼奧林匹斯眾神之王為宙斯，羅馬人則稱為丘比特。布洛克此處意指，研究希臘宗教則應以希臘名辭。
✛　譯注：布蘭維爾雅（1658-1722），法國歷史學家。
✛　譯注：巴伯夫（1760-1797），法國政治運動者、煽動家。

粹的代數符號時，它們還是得仰賴日常生活裡意義含混的字彙。我們是否會詆毀物理學家，因為他們固執地使用「原子」（atom，原意為「不可分割的」）來稱呼一個在實際上是最大膽的解析工作的對象？

更危險的是字彙所帶有的情緒性的弦外之音——當字彙傳到我們時，其中有許多是帶有這種弦外之音的。強烈的情緒很少有利於語言的正確性。

即使在歷史學者之間，他們慣於以最麻煩的方式混淆兩個詞彙：「封建制度」（feudal system）與「領主制度」（seigneurial system）。這是任意地把武士貴族特有的錯綜的依附關係等同於一種農民的人身隸屬關係；後者不僅在本質上非常不同，起源也早得多，持續更為長久，在全世界的傳播也遠較為廣。

這項誤解可溯自十八世紀。在當時，領地（vassalage）與采邑（fief）仍然存在，但只是一種法律上的形式而已，其意義事實上早已喪失好幾世紀了。在另一方面，領主權（seigneury）雖然源自同一過去，卻仍然生意盎然。政治學者對此並沒做任何區分，不只是因為他們誤解了這一事實，而多半是因為他們不曾冷靜思考過。他們厭惡它，因為它是個落伍的事物，甚至是個殘存的、帶有壓制性的力量。一致的譴責封緘住所有的一切。接著是 1789 年的大革命，在〔封建〕這個名稱下，領主

權連同那些確實是封建的制度一併被廢除掉。所有留下的只是一些記憶，一個持續的記憶——有關革命最後階段的衝突的一些描述為此一記憶塗上生動的色彩。從那時起，這項混淆就此形成。源自激情，也仍繼續準備在新的激情刺激下傳布開來。即使在今天，當我們說到工業的或金融界的「封建主義」，我們能全然冷靜嗎？在背後，總不免勾起 1789 年的炎夏中焚燒封建城堡的回憶。

　　不幸地，我們許多字彙的命運就是如此。它們繼續在我們之間過著眾議紛紜的不安寧生活。今天，並非歷史學者大聲疾呼要我們把資本主義與共產主義看成一樣。我們的符號依時依地而不同；它們成為導致更為蒙混的情緒係數。1815 年的反動份子一聽到革命之名即大驚失色；而 1940 年的反動份子則藉革命之名來遂行政變的陰謀。

　　不管怎樣，且假定我們的辭彙最後果真已達到不帶感情的狀況。即使是最知識性的語言也有它的陷阱。當然，在這裡我們毫無興趣想重述那些「唯名主義的笑料」，羅伯・西彌昂（Robert Simiand）曾蠻有道理地指出：人之科學壟斷了這些笑料。有哪條法律禁止我們使用語言所提供的方便？——這可是任何理性的知識所不可或缺的。譬如說，談到工廠體系，我們

並不因此就創造出一個實體。我們只是在一個有意義的名稱下，把儘量具體的事實集合起來。這些事實的相似性，正是這個名稱所想要妥切表達的，本身才是一項實體。因此，就其本身而言，這些名詞完全有理由存在。它們真正的危險是由於它們的方便性。如果選擇不當，或是用得太機械，符號——其存在唯一的目的只是為了協助分析——就會以沒有分析而告終。結果是導致了時代倒錯：在一個以時間為對象的學科裡，這是最不可饒恕的原罪。

中古時代的社會把人類的處境區分為兩大類：有些人是自由的，其他則不被認為如此。但是「自由」這個觀念是每個時代都按照自己的意思重新塑造的。因此，今天的一些史學家認為：以這個詞的正常含意——也就是說，以他們所接受的這個詞的含意而言——所謂的中古時代的不自由民是一個拙劣的稱法。他們主張：那些人是「半自由的」。就一個毫無文獻根據而創造出來的字詞而言，「半自由的」一詞不管從哪個角度看都很彆腳。不幸的是，還有比這更糟的。一個幾乎不可避免的結果是：這樣一種表面上的精確似乎使得任何多角度研究自由與奴隸分野的工作變得沒有意義，就像各文明對此觀念的了解——分野通常並不確定，甚至依時代或階級的偏見而不同。但是其最基本的特徵之一正是不允許有像「半自由」這樣一個名

　　　　　　　　　　　　　史家的技藝

稱所暗示的邊緣地帶存在。硬加在過去的名稱必然會導致扭曲，不管是有意的或只是因為把歷史上的範疇等同於我們現有的，這種等同實際上就是把我們自己現有的範疇暫時的提升到永恆的層面。對這樣的標籤，除了消滅它們以外，別無其他合理的態度。

「資本主義」曾經是個有用的字眼。而且無疑地，如果我們成功地把它含混之處弄清楚，它還是可以有用的，因為那些含混之處使得它不容易成為一般用語。目前，由於它被隨便使用到一些最多樣性的文明上，結果幾乎必然是模糊了那些文明的原來面貌。十六世紀的經濟制度是「資本主義」的嗎？也許是。然而，想想當時普遍可見的追求利潤的動機——從社會的頂端一直滲透到底層，包括零售店老闆、鄉村公證人，以及奧古斯堡（Augsburg）或里昂的大銀行家；再仔細觀察當時注意的是放款或商業投機，而非生產組織。由此可見，文藝復興時代的「資本主義」，在人際結構上，與現代企業高度階層化的組織，或工業革命時期聖西門所提倡的組織[*]，有多大的不

---

[*] 譯注：聖西門（Claude Henri de Rouvroy, comte de Saint-Simon, 1760-1825），法國哲學家、社會科學家。St. Simonian System 指根據聖西門之社會主義思想而建構的經濟社會組織，主張全部財產屬於國家，廢除遺產繼承制度，各人的所得是根據其對國家之貢獻而分配的。

同？……

　　總之，非常簡單的一個觀察就該足以讓我們謹慎戒懼。如果我們不再把資本主義當成屬於某一特定時期的，而是作為本質及自行存在的，亦即大寫 "C" 的資本主義（Capitalism），那麼，它在何時出現？十二世紀的義大利？十三世紀的法蘭德斯？富格耶爾家族（the Fuggers）*時代及安特衛普（Antwerp）﹢的貿易興隆時期？十八世紀或甚至是十九世紀？其出生證書之多就像歷史學家一樣的多如牛毛。的確，它的出生證書幾乎與「中產階級」的出生證書一樣難以勝計；在我們的教科書中，中產階級的興起是如此地被頌揚，而且為了教育學生，各式各樣的關於其興起的說法都有：公正腓力（Philip the Fair）的時代，路易十四時代——如果不是在 1789 年或 1830 年的話。究竟，是否有可能是不一樣的中產階級，或不一樣的資本主義？

　　這裡，我相信我們已掌握到事物的根本。我們想起方帖涅兒（Bernard Le Bovier de Fontenelle）﹢的簡句：「萊布尼茲下了正確的定義，但他偶爾誤用名詞的暢快自由就此被剝奪。」暢快！或許？危險則是必然。這種自由我們可是太熟悉了。歷史學者很少下定義，他當然也可以認為這是一種不必要的謹慎，如果他能借用到本身已嚴格界定好的用語的話。然而實況並非

如此。他的唯一嚮導——就算在他運用一些關鍵性的字詞時——幾乎只能靠他個人的直覺。他隨意擴充、限制或扭曲字意，也沒警告讀者，甚至他自己也不完全警覺。遍布全世界（從中國到著漂亮護脛套的希臘人）的「封建制度」又如何？大致上，它們少有相似之處，這是因為差不多每個歷史學者都隨著他自己的高興去了解這個字眼。

然而，即使我們真的下定義，通常也是每個人做自己的。再沒有比凱因斯（John Maynard Keynes）[*] 這個觀察敏銳的經濟分析家的例子更有意義的了。幾乎每一本他的書，雖然從一開始就用了一些習見的名詞，但是他花了不少心思給這些名詞全新的意義（有時甚至同一名詞在各書用法都不同），無論如何，他的用法都有意地別於一般的用法。人之科學古怪的反覆性，長久以來一直被列在「**純文學**」之林，似乎仍保留著某些頑固的藝術上的個人主義！我們能想像一個化學家會如此說嗎？「兩個元素不可或缺地構成一個水分子：其一含有兩個原子，另一個則含有一個原子；用我的辭彙來說，前者將被稱

---

[*]　譯注：富格耶爾，是德國中古城市史瓦貝爾（Swabia）的商人家族，在十六世紀十分有名，以紡織業起家。

✢　譯注：安特衛普，比利時北部省份。

✚　譯注：方帖涅兒（1657-1757），法國哲學家、作家。

[*]　譯注：凱因斯（1883-1946），英國經濟學家。

為氫，後者則為氧。」無論界定得如何完美，歷史學者個人的語言將永遠無法並列在一起而構成歷史的語言。

實際上，一群專家（語言學家、民族學家及地理學家）已在各處較有計畫地做了一些努力；他們的學科比較年輕，這似乎使得他們避免陷入一種最糟糕的共同習性。在整個歷史學方面，綜合研究中心（The Center of Synthesis）*也正進行同樣的工作；該中心一向勤於提供服務及範例。我們可以期望從上述努力得到許多幫助，但更期望的是從這種努力的普遍擴大中得到更多。無疑地，總有那麼一天，更多的了解使得我們可以釐清命名方式，並且給予更好的定義。即使到了那個時候，學者個人的色彩將一如以往地反映在他所選用的字，除非他只滿足於從一個日期蹣跚到另一個日期，就像一個編年史家所做的。

偉大的時代是由一連串興亡相繼的征服民族的支配所標示的。因此，中古時代的集體記憶幾乎是完全賴《聖經》上關於四大帝國的神話而得以存續；這四大帝國是：亞述、波斯、希臘以及羅馬。就算曾經存在過這樣的一個架構，實在也是個蹩腳的架構。為了配合神聖的經文，這個架構導致了所謂羅馬大一統的幻覺的持續；而且，為了一個就基督教社會而言相當奇怪的矛盾現象（正如它對今天任何歷史學家而言），這個歷史架構使得耶穌的受難在人類精神的發展史上，比起羅馬各行省

惡名昭彰的掠奪者的勝利，似乎顯得更不顯眼。在每個國家內，王位的繼承則為較小的分期提供了界線。

這些習慣證明有驚人的頑固性。《法蘭西歷史》（*L'histoire de France*）一書，如實反映出 1900 年左右的法國［歷史］學派；此書的寫法仍然是從一個統治年代蹣跚到另一個統治年代。每當君主過世時，它就停下來，用那應留給歷史大事的詳細的筆法來敘述這件事。當不再有國王時，政權取而代之；還好，政權也是有存亡的：因此，建立政權的革命成為里程碑。最近，有一大套重要的教科書，根據國「勢」（national "preponderances"）來劃分現代史的歷程——這裡的「國勢」是包了糖衣的、以前的「帝國」的同義語。西班牙、法國或英國的「霸權」本質上是外交的，也是軍事的，這幾乎是不用說的。所有其他的就要看能列舉多少了。

然而，早在十八世紀已有抗議之聲。伏爾泰寫道：「看來在一千四百年間，高盧人除了國王、大臣與將軍之外，再無其他人了。」以此，新的分期方式逐漸出現，擺脫了帝國的或王朝的偏見，而可以根據較為深刻的現象來安排。正如我們所見

---

* 譯注：The Center of Synthesis 為貝爾（Henri Berr）於 1924 年創立的研究機構。貝爾為布洛克與費夫爾的好友，曾於 1900 年創辦《歷史綜合雜誌》（*Revue de synthèse historique*），並主編 L'Evolution de l'Humanité 叢書，為新史學先鋒。

的，「封建制度」之作為一段時期與一套社會體系的名稱，是從這個時候開始的。但是，「中古時代」（Middle Ages）這個名稱的發展，是最有啟發性的。

就其古老的起源而言，這個名稱本身就是中古的。它屬於一種半異端式的預言用語；特別是從十三世紀起，半異端式的預言蠱惑著如此之多的受苦的靈魂。神之化身為基督已使得**舊律**（The Old Law）的時代結束。但是，「神的王國」尚未建立。在奮力邁向那幸福日子的途中，當前的歲月，因而只是個中介的時代：a *medium aevum*。稍後，由於早期的人文學者顯然仍熟悉那種神祕的語言，這個觀念乃被（不當地）用到與宗教較無關的世俗事物上。就某種意義而言，聖靈的時代（The Reign of the Spirit）已經來臨。因為在思想與文學上的「復興」給了當時最敏銳的心靈——如拉伯雷與隆薩爾（Pierre de Ronsard）* 等人——一種非常強烈的感覺。「中古時代」，在不外乎代表了一個介於輝煌的古代與新的啟示之間的漫長等待後，至此已告結束。在如此理解下，這個用語曖昧不明地過了幾個世代，無疑地，只局限於少數幾個知識圈內。大致就在十七世紀末，德國一個不太喜歡張揚的手冊作者凱勒（Christopher Keller），在一本通史書中，想到把從蠻族入侵到文藝復興之間的

　　　　　　　　　　　史 家 的 技 藝

這一千餘年的整段時期稱為「中古時代」。不管是經過怎樣的管道介紹進來的，大約在吉佐（François Guizot）✝與米殊利的時代，這個用法在歐洲——尤其是法國——的歷史學，已經相當確立。

伏爾泰還不曉得這一用法，他曾說過：「你期望最後終能克服對自羅馬帝國衰亡以來的現代歷史的厭惡。」這裡我們看到「道德裁判」（*Essai sur les Moeurs*）的第一次判決。雖然如此，無疑地，**裁判**的真正意義（它對以後的世代極有影響力），是造成了「中古時代」以及永遠伴隨其出現的相對名稱「文藝復興」的成功流傳。雖然後者早已流行在藝術史的用語中——作為一個普通名詞，並有必要的補充說明（例如「李奧十世或法蘭西斯一世時代的藝術或文學的文藝復興」）。但是，它之以大寫字母開頭，並清楚地被單獨用來指整個時期，只不過是在米殊利稍前一點。對這兩個時期而言，名稱背後的觀念是相同的。從前，戰役、宮廷政治、偉大王朝的興衰，提供了普遍性的架構；藝術、文學以及各種科學多少是被胡亂地塞入此一架構，現在則倒過來。這是人類精神的最精緻展現，根據其間

＊　譯注：隆薩爾（1524-1585），法國詩人。
✝　譯注：吉佐（1787-1874），法國史學家、政治家。

的不同進步，決定了歷史階段的音調。沒有任何觀念比這更清晰地帶有伏爾泰的烙印。

但是一個嚴重的弱點，使得中古時期與文藝復興這樣的劃分出現漏洞：清楚的特徵同時也隱含著判斷。「歐洲——在聖職人員的暴虐與軍事上的專制統治的壓迫下，在血淚中等待著新啟蒙時代的來臨，讓它得以重回自由、人道以及德性。」孔多塞（Marquis de Condorcet）*如此形容這個時期，而不久後，這個時期即被一致同意命名為「中古時代」。但是，當我們不再相信「黑夜」的說法，當我們不再把那些世紀描繪成一成不變的空白浪費（實際上，在技術發明、藝術、感覺及宗教反省的各領域裡，這些世紀是多麼地豐富；歐洲經濟的首次擴張以及民族主義的萌芽也都見於當時），我們憑什麼在一個錯誤的綜合判斷下，把克洛維時代的高盧與公正腓力時代的法蘭西混為一談？把阿昆（Alcuin）+與聖湯瑪斯（St. Thomas Aquinas）+或阿克蒙（William Ockham）*混為一談？把動物形式「野蠻的」珠寶飾物與聖母院的雕像混為一談？把卡羅琳時代的狹小城鎮與日內瓦、布魯日*或盧比克（Lübeck）*興盛的布爾喬亞階層混為一談？事實上，「中古時期」這個名詞所具有的無非是普通教學上的功能——作為學校課程上一個值得商榷的方便用法，或是用來指一種博學的技藝，其包含的範圍，在傳統的年

代是定義不清的。一位研究中古時期的專家（medievalist）是個知道如何讀古代的抄本、鑑定許可狀文書、並了解古法文的人。無疑地，那是頗為重要的。但仍不足以滿足一門真正的科學——滿足它對正確分期的追求。

在我們年代分期的混亂中，悄悄地溜入了一項時尚，我想這是相當晚近的事，但我們更應格外注意，因為此一風尚並沒有任何合理的根據。那就是：我們用世紀為單位來計算。

長久以來「世紀」一詞與任何精確年代計數無關，本來也有一種神祕的弦外之音——帶有《第四牧歌》（*Fourth Eclogue*）*或《憤怒之日》（*Dies Iroe*）*的腔調[1]。在歷史學對數目的正確與否還不太關心、並且自滿地流連於「伯里克利斯的世紀」（century of Pericles）或「路易十四的世紀」等用法時，這種弦

1　英譯者注：在這裡有必要指出法文的「世紀」（century）是 *Siècle*，此字亦指「時代」（age）、「紀元」（era），或「世俗世界」（temporal world）。拉丁文的同義字 *Saeculum* 源自維吉爾（Vergil, 70-19 B.C.）的《第四牧歌》與中古時代的《憤怒之日》。

*　譯注：孔多塞（1743-1794），法國哲學家、政治家。

✥　譯注：阿昆（c. 732-804），英格蘭的神學家、學者，對查理曼王朝的文藝復興有重大貢獻。

✢　譯注：聖湯瑪斯（c. 1225-1274），義大利宗教家、哲學家。

✳　譯注：阿克蒙（c. 1285-?1349），英國哲學家。

✳　譯注：布魯日，比利時西北部的城鎮。

✳　譯注：盧比克，西德東北部的港口，在漢堡東北。

*　譯注：《第四牧歌》，係羅馬詩人維吉爾的田園詩集。

*　譯注：《憤怒之日》，是拉丁文的聖歌，頌讚最後之審判。據考證，作者或為塞拉諾的托馬斯（Thomas of Celano, c. 1250）。

外之音並沒完全泯滅。但是我們的語言已經變得在數目上更為精確。我們不再根據當時的大人物來稱呼該時代。我們非常謹慎地以百年為單位順序來稱呼各個時代；其算法是以基督教紀元的第一年為定點——永恆的定點——而起算的。「十三世紀的藝術」，「十八世紀的哲學」，「愚昧的十九世紀」，這些戴著算術面具的臉孔出現在我們的字裡行間。我們當中有誰能誇口他從來沒受到這種算法明顯的方便所引誘？

不幸地，沒有任何歷史法則規定：只有那些以「01」為尾數的年份才碰巧是人類進化的關鍵點。這是為何一些意義會被奇怪地扭曲。「眾所皆知，十八世紀是起於 1715 年，而終於 1789。」不久之前，我在一份學生報告上讀到這樣的一句。那是天真，還是滑頭，我可就不知道了。總而言之，它相當簡潔地暴露出「世紀」之用法的某些特異性。但是，如果是個關於「哲學的十八世紀」的問題，我們當然最好說這個「十八世紀」在 1701 年以前早已開始：《神諭的歷史》（ *Histoire des Oracles* ）*在 1687 年問世，培爾的《歷史考證學字典》（ *Dictionnaire historique et critique* ）則出現在 1697 年。最糟的是，由於名稱本身一向帶有觀念，這些仿製的標籤不免會標錯商品。研究中古時代的專家提到「十二世紀的文藝復興」。當然，當時是有一蓬勃的文化運動。但是，如果我們用上述名稱，不免容易忘記這

　　　　　　　　　　　　史 家 的 技 藝

一運動實際開始於 1060 年左右，而忽略了某些基本的關連。一言以蔽之，我們看來是把一個隨意選擇的、刻板有如鐘擺的韻律強加到歷史事實上，而歷史事實與這種規則的韻律是完全不相干的。這是一件不可能達成的工作。自然，我們做得很差勁，還得尋找更好的方法。

總而言之，只要我們局限於研究時間之流中的順序或現象，這個問題倒單純。我們應當依據現象本身來尋求符合它們的時間。腓力二世時代的宗教史？路易十五時代的經濟史？為什麼不說那是一本由巴斯德（Louis Pasteur）[÷]所著的「在格雷維（Jules Grévy）⁺總統第二任期內我的實驗室日誌」呢？或者，反過來：「從牛頓到愛因斯坦的歐洲外交史」？

當然，我們很容易就可了解根據帝王、國君，或政權來安排的歷史分期的潛在魔力。不只因為他們享有一種威望——長久以來與權力運作相配合的、也與馬基維利所說：「……能與政府或國家的舉止相稱的、具有威嚴氣象的一些行為」相配合的威望，而且也因為，一項權力上的輪替，一個革命，在時序上都有定位，定在某年、甚至某日。現在，學者喜愛把日期定

---

* 譯注：《神論的歷史》，係法國哲學家方帖涅兒的作品。
÷ 譯注：巴斯德（1822-1895），法國生物學家，發現細菌的存在。
+ 譯注：格雷維（1807-1891），法國律師，法國共和國的第三位總統。

準。他發現這麼做可以緩和他直覺上對含糊不清的恐懼，而且對良心而言，也是個極大慰藉。他想要讀盡、查遍所有有關其主題的資料。這可要容易得多了，當他站在每個檔案前時，如果手裡能有一份日程表──他便能夠把檔案分類成：之前、之間及之後！

然而，讓我們小心別把假象的準確當成偶像崇拜。最準確的測量不必然就是最小時間單位的測量──若是這樣，我們不只該取一年而非十年，更該取一秒而非一天了──最準確的測量是與事件之性質配合得最好的。每種型態的現象都有它自己的獨特測量向度，或者說，有它自己的獨特進位法。社會結構、經濟體系、宗教或心靈態度的變遷，如果遵循過度準確的計年，必然會受到扭曲。當我論到一個非常深遠的變化──由首次海外小麥的大規模進口及德國與美國工業的大擴張所同時顯示的──發生在 1875 年與 1885 年之間的西方經濟，我這時用的是這類史實所允許的最接近的估算。號稱更精確的日期都不免會扭曲事實的真相。即使是在統計學上，一個以十年為單位的平均值，本質上並不就比以一年或一週為單位的平均值來得粗糙。它只不過是表現出事實的另一面。

再者，看來是屬於非常不同秩序的現象的發展，在經驗上卻有可能重疊──這絕非先驗上不可能的事。第二帝國的降臨

為法國帶來一個新的經濟紀元,真的如此嗎?宋巴特(Werner Sombart)把資本主義的興起與新教精神視為一體,是否正確*?蒂埃里·穆尼埃(M. Thierry-Maulnier)認為民主政治是同一個資本主義在「政治上的表現」(雖然,這恐怕並不是同一個資本主義),是否如此?無論看來如何地可疑,對於這樣的巧合,我們不該以封閉的心靈去排斥。我們只是不必事先假定有這樣的關連。當然,潮汐與月亮的盈虧有關。然而,為了要知道這點,首先我們得分別研究潮汐的漲落與月亮的盈虧。

另一方面,當我們把社會的演變看成一整體時,我們能夠指出不同階段的特徵嗎?問題在於找到其主調。在這裡我們只能建議一些或許有助於分類的方式。別忘了:歷史學是一門還在陣痛中的科學。

大約同時生在同樣環境中的人,必然受到類似的影響,尤其是在他們的成長期。經驗證實:拿這樣的一群人來與比他們年老許多或年輕許多的團體相比較的話,他們的行為顯示出某些一般而言相當清楚的特徵。即使是就他們最不一致的地方而言,也是如此。就算是敵對的雙方,都被同一爭論所激怒,這

---

* 譯注:宋巴特(1863-1941),德國政治經濟學家,他的關於現代資本主義發展的分析對經濟史研究極有貢獻,是最早將基督新教與資本主義的發展合起來觀察的幾個學者之一。韋伯(Max Weber)的名著《基督新教倫理與資本主義的精神》的寫作頗受其影響。

也仍然表示他們是相像的。這種來自同一年代的共同烙印正是造成一個世代（generation）的東西。

　　社會確實不是單純的。它分裂成不同的社會階級，在那裡，世代並不永遠重疊。作用在一個年輕工人身上的力量，是否必然——至少以同等的強度——會作用在一個年輕農人的身上？此外，即使是在結合最密切的文明裡，傳播的潮流是緩慢的。我的父親，1848 年生在史特拉斯堡，經常說：「在我年輕時，我們是鄉間的浪漫主義者——當巴黎已經不再如此時。」然而，通常，就像這個例子，這種不同只不過是腳步上的落後而已。因此，當我們提到法國的這個那個世代時，我們帶出了一個複雜的、有時候甚至是矛盾的觀念——不過其間自然保有某些真正決定性的要素。

　　儘管一些作者仍做著畢達哥拉斯的夢，〔認為宇宙萬事萬物皆有規律〕，明顯地，世代的周期絕不是規律的。當社會變遷的韻律或快或慢時，世代之間的邊界也隨之縮小或擴大。在歷史上，某些世代長，某些世代則短。只有靠著觀察，我們才能看到曲線改變方向的各個點。在我的大學裡，入學的日期使得觀察一個這樣的轉捩點容易些。我早就發現自己，在許多方面，比較接近那些早我畢業的年級，而非那些幾乎緊接著我進來的年級。我的同班同學與我都認為自己是「德雷菲斯事件」

一代的最後者。生活的經驗與此一感覺並不衝突。

世代與世代之間的互相影響是不可避免的，因為個別的人對相同的影響並不都有相同的反應。在我們的下一代中，我們很容易以年齡為主要的根據而把他們分為戰爭的一代與戰後的一代。但總是得有保留：那些還沒到青年期的後半階段、但又已過了早期童年期的人，對時事的敏感性依個人的氣質而有極大的不同；那些最早熟的孩子將是道地的「戰爭的一代」；其他則屬於彼岸。

準此，就像尋求如實表達人之事務的任何概念一樣，世代這個觀念是非常有彈性的。它與那些我們感覺非常具體的事實相配合。這個觀念長久以來已由一些學科憑直覺採用；這些學科的本質特別仇視那種根據王位或政府的老式分期法——譬如思想史或藝術興衰史。逐漸地，此種觀念命定要為我們提供邁向對人類之變遷作理性分析的第一步。

但是，一個世代只代表一個相對而言較短暫的時期。較長的時間則被稱為文明（civilization）。

幸而有費夫爾，我們相當熟習「文明」一詞的歷史；這個詞的歷史顯然與文明這個觀念的歷史是不可分的。這個觀念之從價值判斷的糾纏中解放——或是更精確地，與價值判斷一刀

兩斷──的過程是相當緩慢的。我們仍然在談論（雖然，口氣沒我們的前輩那麼肯定）文明的本質，作為理想的文明，以及人類之攀登一個高貴而寧謐的文明的困難；但是，我們也談到複數的、僅作為事實而存在的文明。從這個觀點而言，我們承認：容我冒昧地說，世界上或許有還未**文明化**的人類的文明。那是因為我們已經了解到：在任何社會裡，無論其性質如何，每件事情都是互相牽制與關連的──政治與社會結構、經濟體系、宗教信仰，心靈最粗糙的以及最精緻的展現。我們該如何稱呼這個綜合體？吉佐說道：「在［這個綜合體的］核心，所有造成其存在的力量皆匯集起來。」「文明」一詞在十八世紀時被創造來表達一種絕對的善；隨著人之科學的愈來愈相對主義化，這個詞自然而然地符合了這種新的、對事實的感受，而無損其先前的含意。其原先唯有的意義，現在則保留下來作為人類共同感受力的一個迴音，這種感受力的價值是不該被忽視的。

諸文明的並存是很清楚的──只要異土上對照鮮明的特色被注意到的話。有人能否認今天有個中國文明的存在？或者否認它與歐洲文明的極大不同嗎？但是，即使是在同一地區，這個社會綜合體的主要重點也會或多或少遭到突然的修改。當這樣的轉變發生時，我們說那是一個文明繼承了另一個。有時是

由於外來的衝擊，通常伴隨而來的是新種族的進入，就像發生在羅馬帝國與中古盛世社會之間的情況。然而，有時只是內部的變化。任何人都會同意：文藝復興的文明不再是我們的文明，儘管我們從中取得了豐富的遺產。這些不同的音調，無疑地，是很難表達出來的。它們很難用概括性的標籤來表達。以 "ism" 結尾的字（*Typismus, Konventionalismus*）所帶來一時的方便摧毀了甚至如蘭伯徹特（Karl Lamprecht）* 在《德國史》（*History of Germany*）一書中對描述歷史之演進所做的努力。更早些，泰納也犯了同樣的錯誤，在他作品裡我們今天很驚訝於他所謂的「主宰的概念」（dominant conception）的說法——那幾乎只對他個人才屬實。雖然如此，某些錯誤的嘗試並不能成為放棄往這方面努力的藉口。研究工作的職責在於：使歷史分類工作更為正確與精確。

總之，人類的時間永遠不會符合時鐘的嚴格一致性或其固定的間隔。人類的事實要求度量的準則配合它韻律的變化，並要求它的邊界有廣大的邊緣地帶。只有維持這種伸縮性，歷史

---

* 譯注：蘭伯徹特（1856-1915），德國歷史學家，是歷史學中的「文化史方法論」（Kulturgeschichtliche Methode）的創始人。

學才有希望使分類符合柏格森（Henri-Louis Bergson）[*]所說的：
「事實的真正輪廓」——這正是任何科學的終極目標。

＊　譯注：柏格森（1859-1941），法國哲學家。

5

因果關係
Historical Causation

　　實證主義主張把原因的觀念從科學中剔除出去，此為徒然之舉。不管喜歡與否，每個物理學家及生物學家都從「為什麼」以及「因為」的角度來思考問題。歷史學家不能掙脫這個心靈運作的一般法則。某些人，譬如米殊利，把事情串連成一個巨大的「有生命的運動」，而非提出一符合邏輯形式的解釋。其他人也展露他們歸納和假設的道具。總而言之，無處不呈示著發生的連環。但是，原因與結果之關係的建立雖然構成了我們了解事物的本能需要，這並不表示研究工作能仰靠本

能。就算因果律的形上學在此不在我們的討論範圍之內，無庸爭論的，作為獲得歷史知識的工具的因果關係之使用，仍需要我們有意識的批判性處理。

讓我們設想：一個人正沿著山間小徑行走。他絆倒了，從峭壁上跌落。這件事情之會發生，必須要有許許多多的決定性因素結合在一起。舉例而言，要有地心引力的存在，要有一個由長時間地質變化造成的地形，還要有一條小徑的鋪設——就讓我說是為了連結一個村莊和它的夏日牧場。因此，我們這樣說會是完全合理的：如果天體力學的法則不同，如果地球的演化是另一個模樣，如果高山經濟並不奠基於季節性的羊群移牧，這場跌落事件就不會發生。儘管如此，假定我們調查此事的原因，每個人都會回答：「這是失足。」這並不表示這個前件（失足）對此事之發生是最必須的。許多其他因素也是同樣必要。但是，有一些非常顯著的特徵使得失足這一事件最為特出：它發生在最後，最不具有永恆性，在事情的一般秩序中，它最例外；最後，由於它較大的特殊性，它似乎是最容易避免的。基於這些理由，失足似乎對於跌落峭壁的結果擁有較其他因素更直接的影響。我們幾乎不能不感覺，它真正是這事件的唯一因素。從常識的觀點來說——當論及原因時，常識總不樂

　　　　　　　　　　　　史家的技藝

意擺脫某種神人同形同性論（anthropomorphism）*的傾向；失足這個最後一分鐘的構成因素，這個特殊而不被預期的因素，是有些像把塑膠材料塑成一個模樣的藝術家——塑膠材料是早已完全準備好的。

歷史的推論在當代的應用上與上述程序並無不同。無論是最具恆久性與一般性的前件是如何地必要，它們僅僅是隱涵的。是否有軍事史家會把地心引力與人體的生理組織置於一場軍事勝利的原因之列呢？——儘管地心引力能解釋砲彈的軌道，人體的生理組織是使砲彈能造成致命結果的必要條件。某些較特殊的前件，如果具有相當程度的恆久性，我們稱之為「形勢」（conditions）（為了方便姑予此名）。那個最特別的，在眾多的發生力量的組合裡多少代表分殊的因素，我們方稱為原因。譬如，我們說，在羅爾（John Law）+的時代，通貨膨脹（inflation）是物價全面上漲的原因+。法國的一個具同質性而

---

* 譯注：「神人同形同性論」是指依人形人性來界定神形神性的一種心理傾向。此處可能是指常識習慣把事件的原因（它好比是神）歸諸於人。

✛ 譯注：羅爾（1671-1729），英國籍財政專家。他於1694年因在決鬥中殺人而被判死刑，嗣後逃往歐陸，1716-1720年之間在法國建立新式的銀行體系，發行紙鈔，並曾被法王任命為財政總長。他的銀行系統在1720年崩潰，他隨即被法國政府驅逐出境。但同年底又被俄皇彼得一世邀往主持俄國財政。

✛ 譯注：布洛克此處所用「通貨膨脹」一辭有混淆之處。「通貨膨脹」在現代經濟學用語中即指物價持續上漲之現象。這裡的「通貨膨脹」應指貨幣供應的大量增加；此確為羅爾在法國所犯下的重大錯誤。本段末之「通貨膨脹」則應作物價上漲解。

結構紮實的經濟環境的存在只是一個「形勢」。因為貨幣的自由流通（由到處發行的鈔票引起的），只是使得上述的物價上漲為可能的背景而已，但貨幣流通存在於通貨膨脹之先，且繼續存在於其後。

　　毫無疑問地，有一個研究工作上的可靠原則存在於上述區分之上。強調具有普遍性的原則有什麼用處呢？這些前件共同存在於太多的現象之中，而使得它們無法在任一現象的系譜中佔據著特別的壁龕。從一開始，我就很清楚，如果空氣中沒有氧，就不會有火。但令我有興趣的，值得並需要我們在發掘原因的工作上致力探索的，是去決定火如何引發的。彈道拋射原理對解釋軍事失敗和解釋勝利同樣有效，它能解釋兩者。正因為如此，它既無法恰當地解釋失敗，也無法解釋勝利。

　　然而，把原因依等級分類是為思考上的方便而已；不能毫無顧慮地提升為絕對的準則。事實提供給我們近乎無數的——總合起來聚集於同一現象的——力量。我們怎樣從這些力量中挑選出事件的原因？當然是根據那些特徵值得我們注意的；但重要的是，這永遠只是一個選擇。很清楚地，在最顯著的原因（a cause *par excellence*）的觀念裡——顯著的原因是相對於「形勢」而言——存在著一些極端任意的成分。西彌昂是一個極為

執著於確定性的概念並開始致力於尋出較嚴格的定義的學者（我認為這是一個徒然的努力）。但即使是他，似乎最後也承認把原因區分為顯著原因與「形勢」的相對性。他寫道：「對一個醫生而言，傳染病發生的原因是微生物的孳長，而由貧窮引起的骯髒與不健康是其形勢。對社會學家和慈善家而言，貧窮是原因，而生物因素是形勢。」這誠然是承認透視問題的觀點臣服於研究的特殊角度。再說，我們得注意：在歷史研究裡，對單一原因的崇拜經常只是找尋對某些事件應負責的人的一種隱涵形式——因此，這是一個價值判斷。這種判斷可以作如是的表達：「誰是對的？誰是錯的？」學者滿意於問：「為什麼？」並且接受答案或許並不簡單的事實。原因單元論，無論是一般常識性的偏見、邏輯家的主張、或檢察官的習慣，對歷史研究而言，它只可能是一道障礙。歷史追求原因的浪潮，且不害怕原因是多重的——因為生活顯示它們是如此。

在本質上，歷史的事實是心理的事實。因此，很正常地，這些事實在其他心理事實中發現自己的前件。不錯，人類的命運是被置於物理世界中的，他們並忍受由此而來的後果。然而，即使在這些外在勢力似乎侵擾凶狠的地方，它們的作用也被人以及人的心靈削弱或強化。黑死病的病菌是歐洲人口遽減

的主要原因。但是，這一傳染病只能是由於在某些社會條件——因此，在本質上，也是心靈條件——之下才擴散如此迅速。而且，它的道德性影響也只能以集體意識中的獨特傾向來解釋。*

然而，心理學不可能只自囿於純粹意識的範圍。當我們閱讀某些歷史書籍時，我們可能會感覺人類全然是由合乎邏輯的心志構成的；人們為他們的行動所提出的理由使得這些心志永遠不含有一絲神祕。但從對心靈的生命與其幽深處所做的探索的實況看來，我們更進一步地見證到科學所經驗到的、試圖與複雜人心共存的永恆困難。甚且，這種企圖事實上是以誇張的形式重複一套陳舊的、經常被抨擊的經濟理論的錯誤。**經濟人**（*Homo oeconomicus*）只是一個幻影。我們說它是幻影不只是因為一個人被設想為自利（self interest）所盤據。最糟糕的幻覺是，**經濟人**的觀念想像一個人可以對他自己的利益有如此清晰的概念。拿破崙曾經說過：「沒有什麼比計劃更稀奇的了。」是否有人會認為我們現在一頭栽進的、壓制性的道德氛圍是來自我們心中的理性成分†？如果我們老是把歷史上的原因問題化約為動機的問題，我們就是極嚴重地誤解了問題。

再者，有一個奇怪的矛盾存在於歷來許多歷史學家的態度中。當要確定某個人類行動是否真正發生的問題出現時，歷史

史家的技藝

學家總感到無法充分盡其心力。但假使他們要追索那一行動發生的理由，他們就會滿足於僅僅是表面的解釋——這些解釋通常是立基於一個通俗心理學的、並不比真相之相反正確多少的原理。

兩位具有哲學素養的批評家——德國的齊美爾（Georg Simmel）+和法國的西彌昂——曾以揭露若干**以未經證明的前提作為論斷的錯誤**（*petitiones principi*）自娛。一位德國歷史學家寫過，赫伯特黨人（the Hébertists）*起初與羅伯斯比步調完全一致，因為羅伯斯比俯順他們的願望；後來赫伯特黨人因羅伯斯比權力太大而與之決裂。誠如齊美爾洞徹究裡的觀察，這個論點隱含著下列兩項命題：施惠當受感謝；人們不喜歡被支配。當然，這兩項命題並不必然為假，但任一者也不必然為真。因為，我們難道不能把下兩項設想看作具有相等的可能性嗎？一個人過於輕易聽命於政黨的意志，可能引發的並非黨的感謝，而是黨對其弱點的輕蔑。此外，我們難道沒見過一個獨裁者，

---

*　譯注：布洛克此段所言與英國哲學家柯靈烏（R. G. Collingwood, 1889-1943）申言「一切歷史都是思想的歷史」之意雷同。柯氏之話見於其《歷史的觀念》（*The Idea of History*）。

÷　譯注：布洛克此處的「壓制性的道德氛圍」可能是指法西斯主義的政治意識形態。

+　譯注：齊美爾（1858-1918），德國哲學家與社會學家。

*　譯注：赫伯特黨人或赫伯特黨為法國大革命期間赫伯特（Jacques René Hebert, 1755-1794）所領導的組織與徒眾。這是法國大革命期間主張最激烈，手段最暴力的一個支派。赫伯特本人是一無神論者。

藉著他的權力所製造的恐懼而捺熄即使是最微小的反抗意志嗎？一位學養深湛的哲學家曾對權威的性質作過如下的評述：權威具有「一個臘做的鼻子，可以毫無區別地偏左或偏右。」對於冒充為心理學真理的一般常識，事情也是如此。

基本上，上述心理解釋的錯誤類似於今天已完全宣告破產的偽地理決定論。無論遭遇的是物理世界的現象還是社會事實，人類應付的行動不像是鐘錶發條一樣，總朝同一方向走。儘管與勒南所說的正相反，沙漠不必然都是「一神信仰的」（monotheistic）地帶，因為居住在那裡的人們不會都以相同的精神注入其景觀。水源不足導致鄉村人口集中，與供水豐富則使人口散居的理論，只有在人們把接近泉水、水井和池塘當成他們的最高考慮時才為真。事實上，為了安全或合作的理由，或甚至由於純然的群居性，人們有時寧願住緊一點，即使當地的每塊田地都擁有自己的水源。相反地，在薩丁尼亞（Sardinia）*的某些區域，那兒每個人都把住屋蓋在他們小小的所有地的中央。他們承受因水源稀少而導致的長途跋涉，這是他們決定離群索居的代價。人類自身不就是大自然中最大的變數嗎？

然而，我們且不要被誤導。在上述的例子裡，錯誤的發生不在於解釋本身，而是**先驗地**接受任一解釋。雖然截至目前為

　　　　　　　　　　　　　　　史 家 的 技 藝

止，同樣的例子還是相對地少，在特定的社會條件下，水源的分布還是極可能比其他任何因素更能決定人們居住的地方。無疑地，前者並不必然決定後者。赫伯特黨人也並非絕不可能的確照研究他們的歷史學家所判定的動機行事。錯誤是在於史家一開始即把這個假說視為既成的確論。它是需要被證實的。然後，一旦證據被提供出來（我們沒有權利由於偏見而認為這樣的證據不可能存在），我們仍須更深入分析地問：在所有可能想像的心理態度中，為什麼這些特定的態度被附加在這個團體之上。我們要如此做是因為：只要我們承認一個心靈或情緒的反應不是自明的，無論任何時候有此類的反應發生，我們就必須真正努力地尋求其原因。簡言之，在歷史研究裡，一如在其他地方，原因是不能事先設定的。我們得去尋找……。

＊　譯注：薩丁尼亞位於西地中海，法屬科西嘉南方的一個大島，現屬義大利。

史家的技藝

作者：布洛克（Marc Bloch）
譯者：周婉窈
校訂：康樂
總主編：康樂
編輯委員：石守謙・吳乃德・梁其姿・章英華
張彬村・黃應貴・葉新雲・錢永祥
責任編輯：曾淑正
企劃：葉玫玉
封面設計：丘銳致

總策劃：吳東昇
策劃：允晨文化實業股份有限公司

發行人：王榮文
出版發行：遠流出版事業股份有限公司
地址：台北市中山北路一段 11 號 13 樓
電話：（02）25710297　傳真：（02）25710197
郵撥：0189456-1

著作權顧問：蕭雄淋律師
2020 年 6 月 1 日二版一刷
2021 年 9 月 16 日二版二刷
售價：新台幣 300 元
缺頁或破損的書，請寄回更換
有著作權・侵害必究 Printed in Taiwan
ISBN 978-957-32-8780-3（平裝）

YLib 遠流博識網 http://www.ylib.com　E-mail: ylib@ylib.com

國家圖書館出版品預行編目資料

史家的技藝 / 布洛克（Marc Bloch）著；周婉窈譯 .
-- 二版 . -- 臺北市：遠流，2020.06
　　面；　公分 .
　　譯自：The historian's craft
　　ISBN 978-957-32-8780-3（平裝）

　1. 史學　2. 史學方法

601　　　　　　　　　　　　　　109006195